王云清◎主编

混合所有制实训基地建设的研究与实践

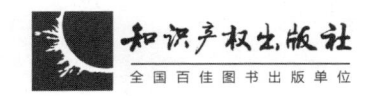

图书在版编目（CIP）数据

混合所有制实训基地建设的研究与实践/王云清主编. —北京：知识产权出版社，2018.4

ISBN 978 – 7 – 5130 – 5492 – 8

Ⅰ.①混… Ⅱ.①王… Ⅲ.①职业教育—混合所有制—办学模式—研究 Ⅳ.①G719.2

中国版本图书馆 CIP 数据核字（2018）第 058650 号

内容提要

本书以混合所有制实训基地建设为主题，通过对混合所有制的政策把握、理论研究以及混合所有制实训基地建设的尝试和经验探索，全面且深度地研究、总结了混合所有制的外延和内涵以及笔者所属学校混合所有制实训基地建设的实施背景、主要目标、建设过程、条件保障、主要成效、特色与创新、问题与对策、发展愿景等多个领域，为混合所有制实训基地是撬动职业教育深刻变革的杠杆、解决校企合作难题的金钥匙提供了政策、理论及实践依据。

全书详细介绍了混合所有制的国家政策、当今混合所有制的理论探索、混合所有制实训基地建设实践及其经验探索等内容。

责任编辑：冯 彤	责任校对：谷 洋
装帧设计：张革立	责任出版：刘译文

混合所有制实训基地建设的研究与实践
王云清　主编

出版发行：知识产权出版社有限责任公司	网　　址：http://www.ipph.cn
社　　址：北京市海淀区气象路50号院	邮　　编：100081
责编电话：010 – 82000860 转 8386	责编邮箱：fengtong@cnipr.com
发行电话：010 – 82000860 转 8101/8102	发行传真：010 – 82000893/82005070/82000270
印　　刷：北京嘉恒彩色印刷有限责任公司	经　　销：各大网上书店、新华书店及相关专业书店
开　　本：787mm×1092mm　1/16	印　　张：14.5
版　　次：2018年4月第1版	印　　次：2018年4月第1次印刷
字　　数：218千字	定　　价：69.00元
ISBN 978-7-5130-5492-8	

出版权专有　侵权必究

如有印装质量问题，本社负责调换。

序

职业教育是与经济发展、社会进步、科技创新联系最为密切的教育类型，它所培养的人才应当具备直接服务岗位一线的实用技术和管理技能，其培养过程离不开企业的参与，少不了实践的磨炼，因此，职业学校必须走校企合作、产教融合的路子。

育人质量是职业学校生存和发展的命脉，职业教育的人才质量很大程度由毕业生的专业技能和职业素养来体现，而保障职业教育人才培育质量的关键之一在于强化专业实训基地建设，由此培养学生的职业技能和创业创新精神。

长期以来，职业学校的实训基地建设普遍存在一些共性问题：一是部分偏远和落后的中西部地区职业学校建设经费短缺，实训基地建设水平较低，投入少，直接影响专业技术人才培养的质量；二是许多经济发达省市的职业学校虽然办学经费充足，购置了大量先进的专业设备，但却因缺乏必要的专业师资，导致设备使用率较低，许多设备长期闲置，造成巨大的资源浪费；三是很多职业学校既有设备，又有专业师资，实训设备的使用率虽然很高，但由实训产生的日常消耗却非常惊人，远远超出了学校能够承受的限度。有些学校为了节约，不得不降低实训要求、减少实训课时，甚至干脆关门大吉，同样导致设备资源浪费，而且影响人才培养质量。

当前，全国职业院校都在全面推进教学"诊断与改进"工作，其制度设计的初衷旨在引导职业院校逐步完善职业教育内部质量保证的制度体系，建立常态化的自主保证人才培养质量的机制，切实推进高职院校内部质量保证体系建设由"他治"变为"自治"。

对于职业院校来说，如何才能自保质量？加强专业实训基地建设是必由之路。为了有效避免上述问题，职业院校的实训基地建设必须强化和深化校企合作。然而，在当前形势下，许多学校的校企合作却普遍存在"学校热、企业冷""剃头挑子——一头热"现象，学校满腔热忱，而企业却爱理不理。原因何在？一方面，企业可以随时招到员工，因而不愿意承担风险和成本与学校合作；另一方面，现有的法律法规对校企合作只是停留在"提倡""鼓励""支持""应该"等层面，缺乏必要的强制性规定，而从根源上来讲，企业在校企合作中的"获得感"不足是重要原因。所以，校企合作的着力点应当由最初的"依靠人力资源吸引"，向"互利互惠"转变，让企业从相互合作中获得应有的利益，进而使校企合作逐步走向深度融合。这其中，试行"混合所有制"模式，可谓是实训基地建设的创新之举。

国家非常重视对职业院校校企合作工作的指导、促进和规范，2018年2月15日由教育部、国家发展改革委、工业和信息化部、财政部、人力资源社会保障部、国家税务总局六部门联合颁发的《职业学校校企合作促进办法》，将有助于发挥企业在实施职业教育中的重要办学主体作用，推动形成产教融合、校企合作、工学结合、知行合一的共同育人机制，完善现代职业教育制度等方面创造有利条件，为校企双方的通畅合作搭建桥梁。江苏省中职学校的校企合作一直走在全国前列，近年来在实训基地建设工作中相继涌现出许多成功的案例。相比之下，溧阳市天目湖中等专业学校通过"混合所有制"方式来创新专业实训基地建设，具有非常典型的意义，值得在同类院校中推广。该校以"政校企商会共建"实训基地的多元混合投入机制为突破口，解决了实训基地投入机制单一的问题；以"政府引导，校企主体主导、利益共享商会指导，责任共担"的运行机制的建立为着力点，解决了学校人才培养与当地产业快速发展脱节的问题；以"企业和商会经济效益，学校和政府社会效益"的利益共享机制的建立为平衡点，突破校企合作瓶颈制约的问题。

溧阳市天目湖中专校在积极尝试创新实践的同时，重视开展混合所有制的理论研究，善于把经济领域的混合所有制移植、应用到职业教育领域，以理论指导实践，再以实践丰富和发展理论，有效推动职业院校专业实训基地建设的创新探索，值得充分肯定。

我相信，通过溧阳市天目湖中专校的不懈努力，一定会给同类职业院校提供借鉴和启迪，特此为《混合所有制实训基地建设的研究与实践》作序。

华东师范大学终身教授，博士生导师
华东师范大学长三角职业教育发展研究院院长
中国职业技术教育学会副会长兼学术委员会执行主任
2018 年 3 月 1 日

前　言

如何探索新型校企合作途径？如何丰富产教融合内涵？如何挖掘政府、行业、企业、学校的资源为专业建设服务？服务专业发展的实训基地如何建设？这些是中等职业教育一直都在深耕的问题。

江苏省溧阳市属于经济中等发达县级市，分散性经济特质明显，国企、央企、大型支柱型企业及上市企业不多，在职业教育校外实训基地建设方面存在很大困难。依托政府主导，溧阳市天目湖中等专业学校吸引行业和地方资本合作建设校外实训基地，构建县级区域职业教育混合所有制实训基地新模式，对于职业学校实训基地建设来说，是一种新的探索和突破。

一、立足区域主导产业 增强职业教育服务效能

溧阳是"中国电梯安装之乡"，全国各地参与溧阳商会的电梯安装维保企业达 400 多家，部分企业借助国家"一带一路"的国际化开拓，业务已深入到非洲、东南亚、中东甚至是经济发达的欧洲地区。另据资料显示，溧阳人包揽了全国电梯安装市场份额的 60% 以上、高速梯安装市场份额的 95% 以上，从事电梯相关产业的溧阳籍技术人员已达 10 万之众，形成了电梯行业内的"溧阳现象"。

立足区域主导产业，不断增强职业教育为地方工业经济服务的效能，是职业教育存在与发展的根基。别桥电梯产业园是溧阳制造业的重要支撑之一，随着园区规模的不断壮大，需要大量的电梯生产制造和安装维保从业人员。同时，随着新技术的运用，特别是"中国制造 2025"的逐步推

---

[1] 本文发表于《中国教育报》2018 年 1 月 30 日。

进，电梯行业也随之向智能化方向发展，传统的电梯人才培养模式已不能满足行业对高素质技能型人才的需求。

天目湖中专校于 2008 年创设电梯专业，2016 年创建电梯现代化专业集群，2017 年成功创建电梯现代化实训基地，学校申报的《中职电梯专业混合所有制实训基地建设的创新与实践》获得江苏省教学成果一等奖。为深化与主导产业、特色产业、战略性新兴产业的合作，溧阳市根据"十三五"规划中别桥电梯产业园的产业发展分布格局，在别桥镇政府的主导和溧阳市电梯商会的参与下，天目湖中专校与溧阳宏达电梯培训有限公司进行合作，在别桥电梯产业园共建了电梯技能型人才培养培训基地。

二、吸引社会资本参与 增强服务支柱产业能力

校企合作进行职业学校实训基地建设，是建设高水平现代化实训基地的有效途径。"混合所有制实训基地"的建设，充分发挥了天目湖中专校电梯专业的优势，以学校的技术力量及电梯专业的品牌效应，吸引社会资本参与电梯实训基地建设，在培养中职学生的同时，开展各种层次的社会培训，为别桥电梯产业园、溧阳电梯行业培养技术技能人才，扩大了电梯行业"溧阳现象"的影响力，为溧阳的电梯支柱产业保驾护航。

政校行企合作，共建基地组织机构。在别桥镇政府主导下进行基地建设；同时成立溧阳市电梯商会，秘书处设在天目湖中专校，并组建相关组织机构。

社会资本投入，完善基地硬件设备。根据别桥镇政府和学校的协议，基地设在别桥电梯产业园，由企业出资 1200 万元新建办公综合楼、实训车间及教学和生活配套设施；教学和培训所需的教育教学设备，由社会自然人（溧阳宏达电梯培训有限公司总经理）出资 2000 万元购置；在组织教学和培训过程中，企业负责基地运营的各类资金保障，占实训基地 75% 股份，并保证管理教师、教学教师、培训教师的工作津贴。

商会资源入股，扩大基地资源平台。溧阳市电梯商会利用其在行业中的背景资源入股，占实训基地 5% 股份，积极争取政府政策支持，充分利用行业影响力，保障学生和培训学员就业。

学校技术入股，保障基地专业教学。 学校以技术入股，占实训基地20%股份，提供师资和技术支撑，负责基地规划和建设、培训方案制订、学生实习及培训工作的正常开展，承担提高培训质量的义务。

三、产教融合校企合作 教学相长强化服务功能

"混合所有制实训基地"模式是校企合作新的突破口，将政府主导作用、行业资源、地方资本、学校技术力量等充分融合，集中体现在实训基地的规划、设计、运作和学生的技能培养中，充分体现了产教融合的特点，保证了学校教书育人的本质，也避开了学校资本运作能力不足的短板。同时，在实习教学方案设计与实施、指导教师配备、协同管理等方面，校企密切合作，推进实践教学改革，确保实践教学质量，建立政校行企"责任共担、人才共育、过程共管、成果共享"的合作机制。

以高技能人才培养为着力点，探索精准现代学徒制。在"混合所有制实训基地"模式下，建立完善了"项目教学模式下任务驱动"实践教学体系，将职业岗位所需的关键能力培养融入专业教学体系，强化了学生专业实践能力和职业技能培养。其目标定位与形式，既与现代学徒制一致，又以高技能人才培养为着力点，采用最新型的方法、最前沿的技术、最优化的手段、最安全的措施探索精准现代学徒制。"精"是师傅水平高、培训设施设备先进、训练方法先进、结合行业发展紧密；"准"是学生培养目标定位恰当、学生职业发展规划明确、对行业发展及现状定位准确。

该模式在实施过程中选择优良师资、采用行业先进技术、利用先进技术设备、制订恰当教学计划，使学生实现技能与行业要求的零距离，而且在教育教学过程中帮助学生制订符合自身实际与特点的职业发展规划，让学生在职业生涯中有更大的发展空间。

以夯实校企合作平台为切入点，开辟企业实践新途径。"混合所有制实训基地"的建设，使教师得以深度参与企业实践，避免了盲目性和形式主义。教师根据自身专业特长，与企业共同制定发展目标，在指导企业技术的同时，对自身发展进行长期规划，有效促进了实践操作技能的提升。

在该模式下，很多教师带着技术去指导企业，为基地建设进行整体规

前 言

划,对实训设备进行安装、调试。同时,教师与行业的深入交流,将电梯专业的新技术、新思维带给企业员工,最终将这些行业经验、新技术的推广情况带到学校教育教学中,达到共同进步、共同提高的目的。

以强化社会服务功能为出发点,打造行业标准新品牌。随着学校电梯专业建设的不断推进,"混合所有制实训基地"模式的作用在学生专业技能培养、社会服务功能拓展中日益彰显。作为机械工业职业技能鉴定中心电梯行业分中心鉴定站,学校组织了国家电梯行业职业技能示范鉴定以及中级、高级和技师不同层次的职业技能鉴定工作;组织毕业生、企业员工的电梯安装中级工、电梯维保中级工鉴定工作;与各省市质量技术监督局合作,进行电梯上岗证理论和实际操作的培训和考核。

在基地开展学生技能训练和社会培训工作的同时,学校积极承担基地的社会责任,先后高质量地完成了常州市电梯行业职工技能竞赛、泰州市电梯行业职业技能竞赛、江苏省电梯维保企业四星五星考核评估技能考核等工作,并成功举办了由江苏省人社厅、团省委、质监局组织的全省第一届电梯安装维保竞赛。

王云清
江苏省溧阳市天目湖中等专业学校校长

目 录

一、理论篇

混合所有制实训基地使产教走向深度融合 ………………… 谢建平（3）
产教融合型混合所有制实训基地的实践与创新 …………… 童如山（12）
混合所有制实训基地的内涵及建设策略 …………………… 万玉丹（22）
以混合所有制实训基地为载体探索现代学徒制培养新模式 … 吕建平（34）
混合所有制打开了校企合作的新通道：让生产性实训
　　成为可能 …………………………………………………… 袁　洁（45）
混合所有制：中等职业学校实训基地模式建设的创新实践 … 史方平（54）

二、实践篇

中等职业学校"股份制合作实训基地"建设与
　　运行的实践 ………………………………………………… 王云清（67）
校企人才培养的精准对接 ……………………………………… 芮进方（78）
　　——数控专业混合所有制实训基地建设的实践
机械加工现代化实训基地混合所有制建设的实践与思考 …… 郑和莲（89）
混合所有制视域下烹饪实训基地建设探究与实践 ………… 黄　勇（100）
混合所有制实训基地利益分配的实践与思考 ……………… 高福明（113）
　　——以溧阳市天目湖中等专业学校电梯专业混合所有制
　　实训基地为例
新思路，大作为 ……………………………………………… 任　俊（119）
　　——酒店服务与管理实训基地混合所有制建设的探索

· I ·

现代农业专业混合所有制实训基地建设刍议 …………… 卞和保（128）

三、专家视点篇

震撼与振奋 ……………………………………………… 王寿斌（141）
职业院校如何尝试混合所有制 …………………………… 刘洪一（143）
职业院校探索混合所有制的有效形式 …………………… 阙明坤（147）
探索混合所有制职业院校的几点理性思考 ……………… 安蓉泉（150）
发展混合所有制职业院校的问题对策与实现形式 … 童卫军 任占营（158）
高职混合所有制实训基地运营模式研究 ………… 宋书彬 方 红（168）
论职业教育混合所有制改革的科学化品格
　　………………………………… 王　坤 谢笑天 吕杰杰（178）

附　录

国务院关于加快发展现代职业教育的决定
　　国发〔2014〕19 号 …………………………………………（187）
国务院关于国有企业发展混合所有制经济的意见
　　国发〔2015〕54 号 …………………………………………（197）
江苏省教育厅　江苏省财政厅　关于进一步加强职业学校高水平
　　示范性实训基地建设的通知
　　苏教职〔2012〕34 号 ………………………………………（206）
江苏省教育厅　江苏省财政厅　关于推进职业学校现代化实训基地
　　建设的通知
　　苏教职〔2015〕39 号 ………………………………………（210）
溧阳市天目湖中等专业学校关于尝试混合所有制加快电梯等重点
　　专业建设的实施意见 ……………………………………（215）

后记 …………………………………………………………………（218）

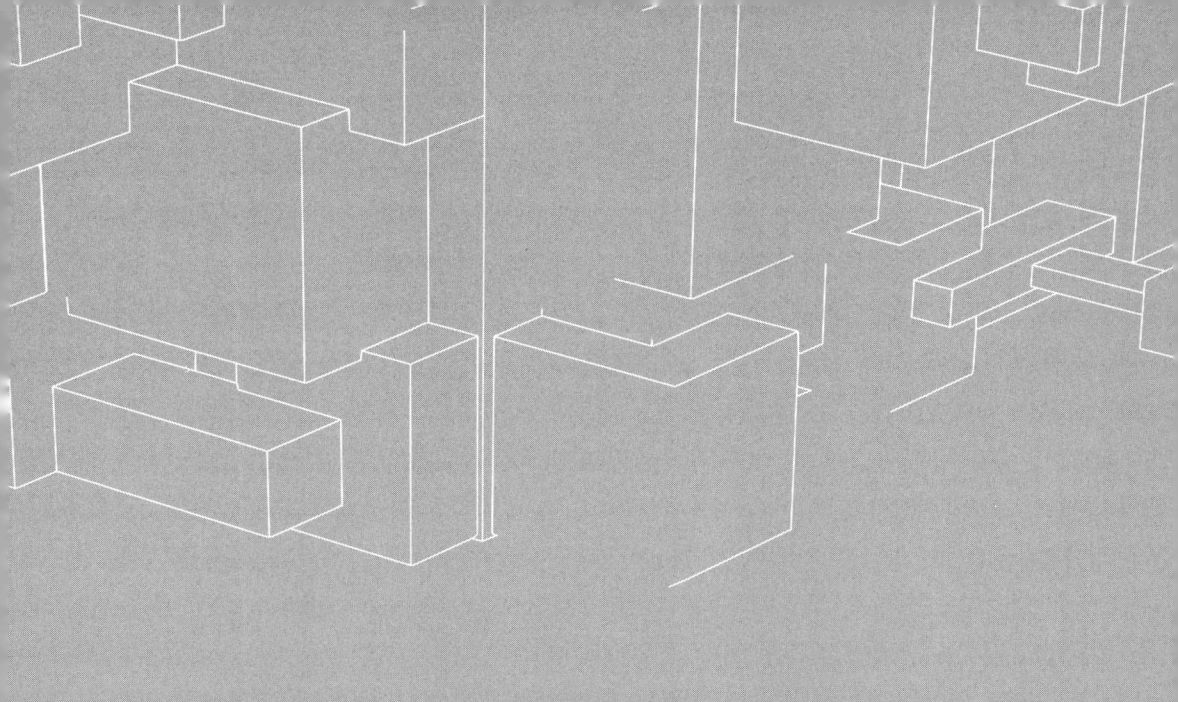

一、理论篇

混合所有制实训基地使产教走向深度融合

谢建平

一、合作背景

1. 溧阳县域经济的发展需要职业学校培养更多技能型人才

溧阳地处沪、宁、杭"金三角"之中枢,苏、浙、皖三省之交界,拥有不可多得的区位优势、生态环境和旅游资源。在第十五届(2015年)全国县域经济与县域基本竞争力百强县评比中,溧阳市位列第47位。2016年年初,在已出台"向先进制造出发"三年行动计划的基础上,溧阳市政府又相继制订出台了"向休闲经济拓展""向健康经济创新""向智慧经济聚合"三年行动计划,引导发展"制造、休闲、健康、智慧"四大经济的政策体系初步成型。为适应溧阳经济发展这一格局,要求职业学校在加工制造、旅游服务、生态健康、信息技术等专业方面培养出更多更优的技能型人才;加之溧阳原就有"中国电梯之乡"的美誉,全国各地溧阳籍电梯安装维保企业达400多家,部分企业借助国家"一带一路"的国际化开拓,其业务已深入到非洲、东南亚、中东甚至是经济发达的欧洲地区。因此,在电梯维修保养、安装调试方面的人才需求也日见困窘。根据2016年6月校园招聘会信息汇总(见附表)情况分析,溧阳四大经济体系企业行业需求本专业人数在1752人以上,而实际解决的人数为639人,满足率不足36.5%。

附表 2016年6月校园招聘会企业需求与
顶岗实习人数安排汇总（摘录规模以上五大类行业）

序号	需求行业	需求工种	需求人数（人）	招录人数（人）
1	加工制造类	数控、机械加工	358	213
2	现代农业类	种植、观光农业	242	46
3	旅游服务类	导游、餐饮、酒店服务	528	311
4	电梯类	电梯维保、安装	477	48
5	健康养老类	保育、养老	147	21

2. 学校与企业的快速发展呼唤产教深度融合

为适应溧阳地方经济与职业教育发展，有效整合资源，在溧阳市政府的主导下，将本地四所职业学校合并成立溧阳市职业教育集团，师资力量与设施设备的高度整合促进了溧阳职业教育的高速发展。但是，在成立之初，由于企业的利益需求等原因，校企合作不够紧密，导致人才培养相对盲目、学校办学体制单一、教师"双师"能力不强等问题；而学生进入企业后，需要再培训，出现了毕业生上手慢、增加企业用工成本等问题，使企业合作不够积极，从而也导致了"产教不融，融而不合，合而不作"的怪现象。因此，深化产教结合、校企合作，培养适应溧阳经济发展的高素质技术技能人才已迫在眉睫。

3. 产教深度融合是职业教育发展改革与发展的方向

深化产教融合是国家对职业教育未来走向至关重要的一个战略性的指导方针。《国务院关于加快发展现代职业教育的决定》（国发〔2014〕19号）首次将"混合所有制"这个经济学领域的概念引入职业教育领域，提出"探索发展混合所有制，允许以资本、知识、技术、管理等要素参与并享有相应权利"。深化产教融合和校企合作是职教建设的当务之急。

国家对职业教育的一系列政策与规划，为学校深化产教融合提供了战略性思路。溧阳职教集团经过多次调研，认识到引企入校，将小型"学校"、班级设在企业，建设混合所有制实训基地，是极大提升专业教师素养、培养适合企业的技能人才的关键，更是调动企业积极性、深化产教融合和校企合作的有效途径。

二、实施过程

近年来，多地探索混合所有制实训基地建设模式与经验，为职业学校创新实训基地管理体制机制、深化产教融合提供了建设性思路。溧阳职教集团经过多次调研论证，确立了在二十多个专业中以传统老牌专业为点，先试行后铺开的实施模式，先后在数控、机械、电梯、农业、服务类等专业上走出了一条属于自己的建设混合所有制实训基地、深化产教融合之路。

1. 引企入校，股份合作建设校内基地

为适应溧阳县域经济发展，响应政府"向先进制造出发"三年行动计划，培养出服务地方主导产业的人才，使专业建设与行业企业需求接轨，集团在充分调研的基础上，与溧阳奥博机械有限公司就建立混合所有制实训基地达成一致意见，签署了合作协议。根据协议规定，混合所有制数控实训基地以"产权股份化，运行企业化"的方针，以"共同建设、共同管理、实现双赢"为原则，建设在集团燕山校区（溧阳中专校区）数控基地内。基地总建筑面积近6000平方米，各功能室齐全。学校提供共计120多台套，价值近2000万元的教学与生产设备，溧阳奥博机械有限公司提供生产设备共计30多台套，价值近500万元。学校负责整体规划设计、构建建设方案。股权的收益，不是以投入设备设施的价值为依据，而以生产产品毛利、技术开发服务、社会培训服务等收益为依据。基地需要支付生产过程中产生的管理费用、对外技术服务的开支、社会培训产生的费用等。学校占基地纯收益的30%股份，溧阳奥博机械有限公司占基地纯收益的70%股份。引企入校，使学校在专业发展、课程设置、人才培养等方面有了长足的进步，也为企业解决了很多难题，实现了校企共赢的局面。

2. 送校入企，探索创建校外实训基地

实践证明，建设校企互为依存的混合所有制实训基地，不仅可以极大地调动企业积极性，实现办学经费来源多元化，还能有效地解决知识与技能、学习与工作相分离的问题，更有利于培养高素质技能型人才。为此，集团研究决定，以混合所有制数控实训基地为基本模式，建设更多有利于校企共赢的实训基地。但由于受学校技术力量、设施设备等因素的制约，于是，另一种校企合作模式——送校入企，应运而生。

（1）政校企合作共建"园中校"

在溧阳市政府的牵头下，溧阳市职业教育集团溧阳中专校区与溧阳市南渡镇人民政府友好协商与研究，决定在溧阳市南渡新材料工业园区共建新材料技能型人才联合培训培养基地。通过"园中校"实践教学模式改革试点，进一步探索以能力培养为中心的教学改革模式，进一步创新溧阳中等专业学校的人才培养模式，进一步建立和完善"多学期分段式"的实践教学体系，强化学生的专业实践能力和职业技能的培养，将职业岗位所需的关键能力培养融入专业教学体系，增强毕业生就业竞争能力。

按照校企合作系统设计与实施实践教学体系的要求，园区支持提供场地和管理，企业提供设备、技术和师资，校企共同制定实践教学计划、大纲、项目、内容和教材，为学生专业实训提供真实的岗位训练；支持学校将课堂建到企业车间，在实习教学方案设计与实施、指导教师配备、协同管理等方面与企业密切合作，推进实践教学改革，确保实践教学质量；建立校企之间"责任共担、人才共育、过程共管、成果共享"的合作机制。

（2）融合多种资源，创建校外实训基地

在创建校外混合所有制实训基地的过程中，集团本着"不求所有，但求我用"的指导思想，积极探索、寻求政府、社会、行业和企业的多方支持，力争融合多种资源，使产教走向深度融合。近年来，溧阳市职教集团先后依托相关行业企业、商会协会，建成电梯、机械、烹饪、酒店服务与管理、现代农业等混合所有制实训基地。

校外混合所有制实训基地的创建，是由企业、行业投入资本，完善基地硬件建设，扩大基地资源平台，学校主要投入技术与师资力量，保证基地专业教学和生产培训的正常进行。如学校与常州布勒机械有限公司共建"混合所有制机械加工实训基地"，由公司提供办公楼、实训车间及教学和生活配套设施，并出资1000万元购置用于教学、培训和生产所需的相关设备；又如"混合所有制电梯实训基地"设立在别桥电梯产业园区，由企业出资1200万元新建办公综合楼、实训车间及教学和生活配套设施。教学和培训所需的教育教学设备，由社会自然人（溧阳宏达电梯培训有限公司总经理）出资2000万元购置，而学校负责整体规划设计、构建建设方案和具体设备安装调试的实施，经营、教学和培训过程中所需要的师资全部由学校派出。

3. 明确权责，建立有效的混合基地实训基地运行机制

为充分发挥合作双方潜力，明确各自职责，加大资源整合力度，进而形成强大合力，学校将合作的13家行业企业都接纳为集团成员，签订《混合所有制实训基地管理协议书》，建立校企利益共同体，落实人才培养实体，行业企业把育人功能纳入发展规划，主动承担技术技能人才培养工作。具体做了以下几方面的工作。

一是共建基地组织机构。"混合所有制实训基地"由各乡镇政府主导，成立基地建设指导委员会、政校企合作工作委员会、专业建设委员会和工学结合、顶岗实习工作委员会、产学研一体化团队。该机构负责基地的人才培养方案、"产品"设计、计划制订、技术服务、业务联系、生产任务、工艺制订、质量管理、创业创新、技能大赛、对外培训等工作。

二是共管基地资产。所有权与经营权分离，做到资产所属管理，在实际运营中再投入各记各账，变更所属比例，为达到育人目的，不求所有，但求所用。

三是合理分配收益。实施绩效考核制度，绩效考核分为管理、教学、实训、技术服务、产品研发、技能大赛等方面。由行业企业与学校选派财务人员在基地实行例会制度，商讨资产管理、收益分配等工作。

三、运行成效

"混合所有制实训基地"的创建，一改多年来校企合作积淀下来的"产教不融，融而不合，合而不作"的怪现象，突破了产教融合不深、校企合作不力的难点和瓶颈，完善和深化了产教融合、校企协同育人的机制，真正实现了多方合作共赢的良好局面。主要体现在以下几个方面。

1. 有效推进了集团化办学，促进人才培养链与产业链相融合

《教育部关于深入推进职业教育集团化办学的意见》（教职成〔2015〕

4号）指出，开展集团化办学是深化产教融合、校企合作，激发职业教育办学活力，促进优质资源开放共享的重大举措。我校通过"混合所有制实训基地"的创建，达到了政校企行多方共赢的目的，吸引了更多企业行业主动而积极地投入到职教集团当中来。因此，一方面，集团化办学促进了产教融合、校企合作；另一方面，"混合所有制实训基地"的建设成效又有力地推动了集团化办学的进程。这样的良性循环将不断拓展"混合所有制实训基地"的功能，真正实现职业教育的办学宗旨，将服务育人与服务企业相结合，促进教育链和产业链有机融合，达到双赢或多赢的目的。

2. 探索精准现代学徒制，发挥校企人才培养的"双主体"作用

现代学徒制是校企合作、工学结合人才培养模式的一种实现形式，其基本特征是"双重身份、双元实施、工学交替、岗位育人"。它不同于原来那种企业因生产任务重而与职校联系用人的无计划的"工学结合"的形式，而是基于培养具有必要理论知识和较强实践技能的高素质、技能型专门人才需要，职业学校与用人单位在政府的引导下，在实践环节采用"师傅带徒弟"的形式培养人才。"混合所有制实训基地"的目标定位与形式既与现代学徒制一致，又以高技能人才培养为着力点，采用最新型的方法、最前沿的技术、最优化的手段、最安全的措施探索了精准现代学徒制。"精"——师傅水平高、培训设施设备先进、训练方法先进、结合行业发展紧密；"准"——学生的培养目标定位恰当、学生职业发展规划明确、对行业发展及现状定位准确。"混合所有制实训基地"在培养过程中选择优良师资、采用行业先进的技术、利用先进的技术设备、制订恰当的教学计划，充分发挥校企人才培养的"双主体"作用，培养出一批又一批与企业无缝对接的高技能型人才。2017年，集团积极参与江苏省现代学徒制试点项目——《产教融合 共育现代工匠——溧阳市区域职教现代学徒制试点》，力争通过该项目的实施进一步归纳现代学徒制实施的方法、经验，真正实施精准学徒制。

3. "混合所有制实训基地"的建设，保证教学设备与生产性设备同步更新

当今世界处在一个加速变革的时代，技术革新日新月异，智能制造、

一、理论篇

工业4.0、"互联网+"已经广泛运用,职业院校实训基地建设的步伐远远跟不上生产技术进步的步伐,设备买回来就落后了,而"混合所有制实训基地"的建设,较好保证了教学设备与生产性设备的同步更新。学校、企业双主体混合所有制下的实训平台,由企业投入资金或设备,用于基地建设,集"教学、生产、技术开发与服务"于一体,实训平台完全按照教学实际和生产一线的现场生产管理方式建设,设有教学区、操作区、观摩区、配料区、实训区、展示区等区域,实现理论与实践、教室与车间、教师与技师、学生与员工、生产与教学的和谐统一与高度融合。

4. "混合所有制实训基地"的整体设计规划确保教学内容与技术更新同步

实行学校、企业"双主体"混合所有制下的协同开发课程体系,将企业对人才的需求标准和学校培养目标有机结合,突出课程设置的应用性和实践性。成立由行业企业专家、企业一线技术人员、学校专业教师组成的实训基地建设指导委员会,根据行业发展需求和人才供求趋势,协商制定人才培养方案,设定课程标准,专业课以企业为主开发课程教材,使人才培养目标、课程标准、教材内容完全符合企业岗位需求。学生在"混合所有制实训基地"培养模式下,对于产品的理解、加工技巧、熟练程度、质量意识和效率意识都得到了加强,对于企业生产管理模式及生产流程管理等方面也有了一定的认识,缩短了学生从学校到企业、学生到员工的"磨合期",企业对于这类学生满意度更高,学生在顶岗实习安排时更为抢手。

5. "混合所有制实训基地"培养模式锻造和培养了高素质的师生队伍

依托"混合所有制实训基地"的模式,教师在企业锻炼不再是单一地去学习,很多教师是带着技术去指导企业。教师为"混合所有制实训基地"进行整体设计建设规划,对各实训场所的实训场地、实训设备进行设计,对实训设备进行安装、调试。如"混合所有制电梯实训基地"建成后,学校专业教师共制作、安装了16台实训电梯井道及相关电梯安装实训设备;安装用于维保电梯实训和考核的各名牌电梯12台、扶梯2台;自行设计、安装了电梯门机实训设备6套。同时通过教师与行业的交流将电梯专业最前沿的新技术、新思维带给企业的员工,最终将这些行业经验、新技术的推广情况带到学校的教育教学中，达到共同进步、共同提高的目的。在2017年全国机械行业职业院校教师教学能力大赛中集团胡捷和史汤豪、陶科和徐刚老师组成的两支代表队经过专业基础知识竞赛、教学设计及现场答辩、直梯与自动扶梯的安装维保实际操作等几个环节的激烈角逐，分别荣获金牌（一等奖第一名）及银牌。同时，学生的技能得到进一步提升。借助"混合所有制实训基地"，学生不仅真刀实枪练技能，还把基地变成了角逐技能的赛场，优秀学生成长为技术革新小能手，精益求精的工匠精神在学生心中得到继承和发展。在2018年江苏省技能大赛中，学校在电梯维修与保养、果蔬嫁接、农机维修、导游、酒店服务等项目中，共获得7块金牌、9块银牌、20块铜牌的优异成绩，受到了江苏省教育厅与常州市教育局的盛赞，被称为技能竞赛中的"溧阳板块"。

6. 探索"混合所有制实训基地"模式，调动了行业企业参与职业教育的积极性

在"混合所有制实训基地"合作模式下，企业获得了长足发展。企业因直接参与办学，其经营管理理念、职业精神和岗位要求，通过共同制订人才培养方案，共同参与人才培养全过程而得以体现，培养的学生更加适合合作企业的标准要求，企业也更容易招聘到优秀毕业生，解决了人才难求的大问题，这是合作企业最大的受益。同时，合作企业与集团技术专家双岗互聘、双向培训、协同科技攻关，研发推广新产品、新技术，联合开展科技培训、科技服务，员工队伍整体技术水平提高。企业科研和社会服务能力明显增强，企业的社会美誉度提高。

7. 依托"混合所有制实训基地"资源，延伸服务触角

随着"混合所有制实训基地"的不断完善，基地的作用在社会服务中日益彰显。由于师资的充足、基地设备的完整、训练方法的科学，学校的教学模式得到社会和企业的广泛认可，吸引了一批又一批各行各业社会人员前来参加培训，仅2017年，在各基地参培人员达到17 564人次，并在培训后通过"混合所有制实训基地"，圆满组织了数控、电梯等专业学生及社会人员共2600多人次的中级工、高级工职业技能鉴定，鉴定工作严谨科学，深受用人单位和社会好评。另外，学校利用基地资源，积极承担基

一、理论篇

地的社会责任，主动承办各级各类竞赛，先后高质量地完成了 2017 年江苏省职业学校技能大赛电梯维修与保养项目、常州市电梯行业职工技能竞赛、泰州市电梯行业职业技能竞赛、常州市果蔬嫁接技能竞赛、常州市农机维修竞赛、溧阳市企业职工技能竞赛等工作，赢得了社会各界的高度赞誉。

8. 依托"混合所有制实训基地"信息化实力，推进教学过程与生产过程实时互动

在混合所有制电梯与数控实训基地，依靠企业雄厚的资金实力，建设信息化实训平台，真正实现"互联网＋时代"，线上线下结合。通过信息化实训平台，将生产过程实时传输到课堂，学生在课堂就能了解真实的生产过程，企业的工程技术人员可以在生产现场通过互联网实时传输为在课堂的学生远程授课，学校师生把生产过程记录下来，对生产过程进行分解剖析；同时，学校专业教师通过互联网为企业员工进行培训，或共同利用平台进行研讨和技术交流。信息化实训平台突破了时空的限制，为深化产教融合、校企合作发挥了前所未有的巨大作用。

产教融合型混合所有制实训基地的实践与创新

童如山

近几年，随着中央财政、省级财政对职业教育支持力度大幅增加，对校内改善实训条件的投入逐步增多，中职校实训基地的建设提速很快。然而，纵观职业教育的实训基地建设，依然存在"与企业生产实际的融合度较低""人才培养不平衡、不充分，无法满足产业转型升级时期社会对具有专业技能和工匠精神的高素质技术技能型人才的需求"等系列困境。为摆脱以上困境，溧阳市职教集团在实训基地建设过程中引入非公资本，开创混合所有制办学途径，借助社会力量，依托企业任务平台，实现产教融合，谱写了创新办学新篇章。

一、混合所有制赋予实训基地建设新内涵

《国务院关于国有企业发展混合所有制经济的意见》中指出，发展混合所有制经济，是深化国有企业改革的重要举措，有利于增强国有经济活力，促进国有企业转换经营机制，放大国有资本功能，实现各种所有制资本取长补短、相互促进、共同发展。混合所有制经济，即国有资本、集体资本、非公有资本等交叉持股、相互融合，是基本经济制度的重要实现形式。

实训基地作为职业学校学生实践训练的重要载体，是职业教育区别于普通教育的重要特征，是职业学校专业建设和人才培养的重要支撑。加强实训、实习基地的建设是职业学校改善办学条件、彰显办学特色、提高教学质量的重点。目前，我国已进入创新驱动、转型发展的新阶段，转变经济发展方式和构建现代化产业体系对职业学校人才培养工作提出了新要

求。基于此，职业学校迫切需要加快建设具有生产经营、产学研结合等多功能的综合性实训基地，构建科学合理的管理模式，创新实训基地的体制机制，为产业发展和转型升级提供高技能人才。

借鉴国企改革的经验，职业教育将混合所有制概念引入职教体系，对照企业岗位实际要求，吸引企业、行业投资实训基地建设，推进学校与企业、行业的信息互通、人员互聘、资源共享。混合所有制实训基地是指由国有资本、集体资本、非公有资本等（包括政府、学校、企业、行业主管等）以资本、知识、技术、管理、资源等要素交叉投入所建立的实践教学的训练场所，是培养职业学校学生实践技能和职业素质养成的场所，是区域技术技能人才培养中心、技术创新推广中心。混合所有制实训基地建设的最突出特点是吸纳企业、行业管理者等多方力量共同投资、共同管理、共享建设成果，不仅放大了实训基地集产、教、研、训、赛等于一体的功能，而且增强了职业学校的办学活力。混合所有制实训基地的基础模式是地方政府主导、社会资本投入、行业协会资源入股、学校技术入股。

二、混合所有制开辟了实训基地建设的新思路

实训基地一般可分为校内实训基地和校外实训基地。校外实训基地一般建立在企业，由于企业更多关注自身的经济利益，对实训基地建设缺乏热情；职业学校将更多精力投入校内实训基地建设，但校内实训基地大多仅服务于课程教学，功能单一，与真实企业环境落差较大，产业化程度不高，不利于学生职业岗位能力的培养。

将混合所有制引入实训基地建设正是顺应时代发展要求的新举措。融合政府、学校、企业、行业等各方力量，共建校外实训基地，更好地促进各种要素和资源的有机融合，有力提升不同主体诉求下的教育效益、办学效益、社会效益和经济效益。

1. 建设混合所有制实训基地，解决了学校由于资源制约而后劲不足的发展瓶颈问题

职业学校实训实施过程中往往需要小班化教学甚至现代学徒式个性化培养，在人力（师资）、物力（设备设施）及财力（耗材等）上投入巨

大，因此，单靠政府和学校项目化地推进和投入，实现不了人才培养的可持续发展。以电梯技能型人才培养为例，电梯行业从业人员的数量和质量远跟不上产业的发展。用传统方式培养人才，无法满足电梯产业的发展和社会的迫切需求，也无法有效解决目前的困境。因此，将学校的教育资源、企业的市场资源以及电梯商会的行业资源集合起来，以混合所有制的形式培养市场急需的电梯技能型人才是一条可行的路径。溧阳市职教集团与溧阳电梯商会、溧阳市电梯生产企业（江苏立达电梯有限公司、江苏申芝电梯有限公司）、溧阳宏达电梯培训有限公司进行合作，共建电梯技能型人才培养基地，依托政、校、企、行四方共同成立的培训基地，以地方政府主导、社会资本投入、行业协会资源入股、学校技术入股，集聚技能型人才培养实施要素，使场地、设备、师资、技术、资源等不再成为人才培养的阻碍，使个性化培养不再是愿景而是常态。

2. 建设混合所有制实训基地，达成了人才培养与经济效益的双赢局面

首先，在传统的实训基地建设中，无论是校内还是校外实训基地都很难达到人才培养对其的深度诉求，导致学生无法融入企业的真实场景，学校教育与社会需求脱节。其次，缺少了利益的驱动，企业的参与热情普遍不高。但在混合所有制运行模式下，由于实训成果既与学校的人才培养目标相关联，更与出资各方的利益相挂钩，而且还关系到社会效益，因此，各利益主体都会在实训过程中全力以赴。在实训中引用企业管理模式，创造良好的职业氛围，在规定时间内承担一定数量的学生生产性实训任务，开发"实习产品"，将消耗性实习转变为生产性实习。例如，在混合所有制现代农业实训基地，农业专业的学生种植有机黄瓜、樱桃、番茄等喜获丰收，学生不仅可以带上自己亲手种的瓜果蔬菜与父母分享，而且还对产品进行包装，让产品走进农贸市场，取得了良好的教学效益、经济效益和社会效益。

3. 建设混合所有制实训基地，有助于专业发展规划与职业生涯规划的精准对接

作为投资主体的企业和行业协会，掌握市场对本专业发展要求的最前沿信息，利用混合所有制实训基地市场敏感性强的优势，真正发挥企业和

市场的办学主体作用，将全日制学生学历教育和社会技能培训有效结合，让职业学校的学生专业素养与市场需求紧密结合，从而实现从学校到岗位的无缝对接。同时，利用行业人才大数据对学生进行职业启蒙教育，进行专业文化和企业文化对接，提高学生对专业、对企业的认可度，让学生明晰自己的职业预期，帮助学生做出职业生涯的有效规划。如溧阳市职教集团与溧阳市餐饮业商会、溧阳市新华厨餐饮有限公司、江苏优鲜到家农业科技有限公司进行合作，在新华厨餐饮有限公司下属的各企业共建烹饪技能型人才培养培训基地，很好地解决了以往该专业学生专业发展与市场要求脱节、职业生涯规划不明确、就业不稳定的现象，向合作企业输送了一批可以信赖和长期任用的高技能、高综合素质的人才。

三、混合所有制催生了实训基地建设与运作的新机制

溧阳市职教集团的混合所有制实训基地建设是采用政府引导下的校、企、行合资共建模式。该模式是在校企合作的基础上共同出资，以股份制经营建设的生产性实训基地，对基地实行股份制经营、企业化运作，责权利清晰。其中，政府扮演主导者角色，学校负责提供师资，企业主要负责投入资金、设备及技术，行业提供市场资源及标准等，各方共同签署协议，运用企业的管理模式。这种模式可以保障学生生产性实训的规范化、制度化、标准化，解决学校教育与社会需求脱节的问题，缩小人才培养与需求之间的差距，提高学生的社会竞争力。

1. 依托区域优势，彰显学校特色

混合所有制实训基地建设首先面对的是合作企业、行业的选择。职业学校在实训基地建设过程中明确自身服务的行业产业，厘清发展立足点。实训基地建设模式要适合区域经济发展，建设方向要匹配优势产业。有些企业虽然规模大，但技术和管理落后，产业优势不明显，发展前景堪忧，而小企业转型快，但辐射面过小，面向专业群过窄，这些都将制约实训基地的后续发展。为保证实训基地的可持续发展，要选择优势产业中的骨干重点企业。混合所有制实训基地的建设还应结合学校实际情况和专业特色，选择适合学校校情的专业优先、重点展开，切不可盲目追求全面化。

溧阳市职教集团的电梯、烹饪、现代农业、新能源汽车、现代加工制造等混合所有制实训基地的建设正是秉承坚持市场需求为导向，服务区域经济、产业转型升级，面向先进制造业、现代服务业、战略性新兴产业等领域的人才培养，且都是选择了区域行业内处于领先地位的企业作为合作伙伴。

2. 完善组织架构，建立长效机制

传统校企合作型实训基地建设中企业动力不足，其主体作用尚未充分发挥，很多校企合作仅靠短暂的人脉维系，而非体制保障。学校和企业对实训基地建设所追求的目标不一致，学校追求的是人才培养，企业注重的是经济效益。校企互惠共赢才能长久合作。混合所有制实训基地可引用企业的管理模式，由出资方按股权比例组成董事会，再由董事会推荐选举产生理事会，理事会全面负责项目组建及运行的具体工作，归口指导和管理，重大事项由董事会决策。依照企业管理模式制定严格的管理制度，实训基地实施企业化、市场化运作。实训基地除了给企业培养储备"准员工"这一红利外，取得的生产性收益也要按出资比例合理分配，企业的付出获得回报，合作才能深入和长久。

3. 实现资源共享，组建混编师资

在董事会的协调下，制定相应的管理办法与激励机制，使合作方在人力资源、设备、场地、技术等方面实现共建共享、互通互用。以电梯专业为例，校企行出资建成了独立于学校和企业外的实训基地，电梯专业学生第一、第二学期的基础实训主要在校内实训场所进行，后面几学期的安装和维修项目实训及生产性综合实训则可在校外独立实训基地完成。实训基地除了作为学生日常实训场所之外，同时可承接订单，完成业务。将学校专业教师与企业工程人员组成混编师资团队，共同承担业务和人才培养工作。企业技术人员可作为学校兼职教师的稳定来源，参与专业建设、课程开发，而学校教师也可参与订单的完成，这将大大降低培训和业务的成本，更能促进企业员工和专业教师的技术交流，营造浓厚的学习氛围和企业文化氛围。

4. 加强产教融合，定制精准培养

职业教育的人才培养目标是为地方经济和社会发展提供技术技能型人才，而技术技能型人才的培养必须紧贴地方经济发展实际。当下，很多职业学校的实训基地利用率低，社会服务能力较差，致使大量实训设备无法产生经济效益，也无法保持实训设备与行业发展同步更新。混合所有制实训基地既可以发挥学校人力资源、技术资源丰富的优势，又可按照产业实际和岗位需求，发挥企业精于市场服务和业务实践的优势，实现产教融合，服务区域经济。企业根据自身实际需要和行业发展需求进行学生技能定制，校企协同对各层级学生实施精准培养。校企行合作共同构建基于职业能力导向的、体现岗位技能特征的课程体系，充分利用实训基地的市场资源和实践教学资源，制定符合客户需求和精准教学的技能训练课程，提高学生培养的有效性和针对性。

5. 实施多元考核，实现无缝对接

混合所有制实训基地的建成，使职业学校可以充分利用基地的培育功能，制定并实施阶段化培养、零距离上岗的育人模式。以电梯专业为例，学生培养阶段划分为：1.5 年在校学习理论知识，掌握基础技能，考取电梯从业资格上岗证；1 年在实训基地接受学校、行业和企业的专业技术技能培养，取得电梯技能等级证书；0.5 年到企业进行跟岗锻炼。这种模式下学生毕业即上岗，实现了教育与产业的无缝对接。以往的学生学业考评学校说了算，实际到岗后却不符合企业要求，导致企业对学校考评结果的不信任。混合所有制下，由行业、企业、学校对学生共同开展考核评价，行企校三方依据培养目标，按企业技能要求、行业素质评判、学校成绩考核三个维度，对学生进行考核评价，并将考评结果作为录用学生的一个重要指标，考评不合格的不予毕业，不推荐工作，彻底改变了过去学校既是运动员又是裁判员的状况，企业、行业对自己所参与的考评结果也认同。

6. 创造品牌产品，服务地方经济

混合所有制实训基地不仅要实现产教融合，更应成为支撑地方经济发展与产业升级的排头兵。由于行业主管的加入，大多数实训基地具有职业技能鉴定功能，这不仅满足了学生职业技能鉴定考核的需要，同时也满足

当地相关专业社会人员职业技能鉴定的需求，一定程度上提高了本地区整体就业水平，为产业升级奠定了人力资源基础。同时，实训基地面向下岗工人、退伍军人、农村劳动力转移人员等提供社会培训，这无形之中为精准扶贫开辟了一条绿色通道。实训基地的产、学、研一体化模式，促进了科研产品的开发，现代农业基地开发种植的新品种农产品成为地方名品，上市即供不应求，带动一批毕业学生的自主创业。实训基地的多功能辐射赢得了社会效益，赢得了老百姓的口碑，不仅引领地方经济的发展，还走出了富有特色的职业教育可持续发展之路。

四、混合所有制实训基地面临的新问题

混合所有制实训基地的建设尚属新生事物，没有成熟的先例可借鉴，只有在摸索中前行，在建设过程中遇到问题和困难在所难免。就目前实践过程来看，主要存在以下问题亟待解决。

1. 缺乏相关法律、法规、政策支撑

当下尚没有混合所有制方面的相关法律、法规、政策，实训基地的建设缺少法律的保护，解决类似于产权归属等敏感问题时也缺少有力的政策引领。虽然《国务院关于加快发展现代职业教育的决定》中明确提出鼓励社会力量参与办学，但纵观全省职业教育的发展现状，很多都尚且停留在文件或计划上，真正在职业教育领域开展混合所有制试点工作的不多，混合所有制的实际推进相对缓慢，很多尝试因政策不明朗而停滞不前。因此，亟需建立健全混合所有制经济相关法律法规和规章及国家政策的宏观设计，尤其是加快推动制定有关产权保护、市场准入和退出、公平竞争等方面的法律法规，确保改革于法有据，给非公资本积极投入职业教育扫除障碍。

2. 生产性经营模式容易受市场影响

随着科技进步，产业升级转型速度加快，实训基地的设备更新换代快，这些就要求基地要提高设备的利用率，让设备创造出最大化的价值，降低基地运营成本。产品的生命周期缩短，这就需要基地要做到生产一代、试制一代、研发一代，新产品不断层。基地的经济效益不仅取决于自

身产品的优势，还取决于市场的认可度。面对纷繁复杂的市场竞争，要想争得一席之地，要靠行业、企业敏锐的市场洞察力以及丰富的市场资源，这就需要激发行业、企业的主体意识，诚信合作、利益分成到位、共建共享共赢是保障。

3. 校企目标不一致影响发展的深度

生产性实训教学过程中，企业重点考虑生产效果，追求经济效益，这会导致教学实践功能不足；学校重点考虑实践教学效果，这会影响生产性效果不足。追求的目标侧重不同会导致合作过程中意见不一致，这在很大程度上影响合作的深度和广度，影响产教融合度。靠人情、靠关系解决此类矛盾不是长久之计，必须创新内部管理体制，完善日常运行机制，加强基地的规范化管理，以制度规定的形式明确此类问题的解决办法。

4. 校企对学生管理标准不一

学校对学生的管理有自己的标准，以批评教育为主，惩戒手段为辅，可以一而再地容错；企业对员工管理亦有自己的一套标准，比之学校的人性化管理更严格、更苛刻。学生在基地实训，既是学生身份，也是企业准员工的身份，这就要制定符合学生这种双重身份的管理标准。管理标准可更偏向于严格的企业标准，因为实训基地就是按企业情景设置的，目标是与行业企业需求的无缝对接，当然遇到具体问题也要适当考虑学生这一特殊身份。

五、促进混合所有制实训基地建设的新思考

随着产业结构的不断调整，面对新的业态，新的行业、新的工种、新的岗位群不断涌现，职业学校应为企业提供全面的"打包式"的人才服务，确立"宽口径、厚基础"的人才培养目标。实训基地的建设要与时俱进，满足立体化人才培养的需求。

1. 做好与专业群建设的衔接

现代化专业群的建设使职业学校的专业结构随着经济发展需求的变化与产业结构的调整而优化，使专业群的设置与职业岗位（群）的能力需求相一致。学生所接受的实训应结合企业岗位群的需要，并尽可能多地覆盖

行业岗位群的必需技能。因此，混合所有制实训基地就要有服务专业群建设的意识，优化整合实训资源，以专业群内各专业的核心技能训练为基础，按专业群分类组建实训基地，将分散的实训资源整合为共享型、开放型的专业化实训中心，提高实训设备的利用率，降低实训运行成本，实现资源的最大化共享。学生在实训基地所获得的是岗位群的能力，是适应就业市场变化的职业迁移能力与职业创新能力。

2. 成为践行现代学徒制培养的基地

现代学徒制已成为发达国家培养新型技术技能型人才的重要途径。现代学徒制是职业培训与学历教育紧密结合的人才模式，基本特征是校企一体化双元育人，企业在其中占据主导地位。在德国所施行的现代学徒制人才培养中，学生在企业进行实训的时间约占总学时的60%，因此，提高企业的参与度显得尤为重要。混合所有制实训基地的建设使企业与学校一样成为育人主体，培养人才就是培养企业的后备力量，企业的参与热情高涨，为在我国职业教育领域进行现代学徒制试点开辟了新通道。当然，实训基地不仅要提供实训的场所、设备、耗材、师资，使现代学徒制教学活动正常开展，企业、行业更要参与课程体系建设、专业建设，将企业的岗位任务转化为教学案例，实施符合产业岗位群需求的实训模式。

3. 搭建国际化交流合作的平台

在全球化经济时代，职业教育也必然要走国际化之路。混合所有制实训基地融合了学校、企业、行业各方的综合实力，更应在国际化过程中起示范作用。混合所有制实训基地可采用引进来、走出去的方式开展对外合作，从一般性的交流互访向真正的与经济建设结合转变。实训基地可吸引国际专业人才入驻，指导国际化模式实训，也可将学生送出去接受国际先进的实训，甚至可与国际知名企业联合创办实训基地。通过国际化合作，更有利于学生专业技能与国际需求接轨。

混合所有制实训基地的尝试为处于产业转型升级期的职业学校生产性实训基地建设提供了新的范式，使新形势下职业学校的专业发展与产业对接变得自主化，也为培养具有综合职业素养的立体化人才打造了绿色通道。虽然混合所有制实训基地的建设尚处于摸索前进阶段，但它的出现满足了多方诉求,实现了教育效益、经济效益、社会效益的共赢,因此,它必然成为职业教育可持续发展的原动力。

参考文献

[1] 王云清. 中等职业学校"股份制合作实训基地"建设与运行的实践 [J]. 中国职业技术教育,2017 (7).

[2] 丁莉萍,刘克勇. 校内实训基地建设要素 [J]. 中国职业技术教育,2014 (8).

[3] 王云清. 共建混合所有制实训基地,赞 [N]. 中国教育报,2018 - 01 - 30 (4).

[4] 宋书彬,方红. 高职混合所有制实训基地运营模式研究 [J]. 职教论坛,2015 (6).

[5] 孟源北,樊明成. 发展混合所有制职业院校的若干思考 [J]. 中国高教研究,2016 (5).

[6] 张汉年,鲍平安,王正. 多元主体投入共建下校内生产性实中基地建设探索与实践 [J]. 吉林省教育学院学报,2017 (8).

混合所有制实训基地的内涵及建设策略

万玉丹

中高等职业院校培养目标是为经济建设培养第一线高素质技术技能型人才,这一培养目标决定了实训教学在职业教育中的中心地位。本文主要通过对混合所有制实训基地的定义、建设原则、表现形式、行业背景及利益趋向加以介绍或分析,以更好促进实训基地的建设,创造更多的高质量技术技能人才。

一、混合所有制实训基地概述

(一)混合所有制实训基地的概念

在2013年《中共中央关于全面深化改革若干重大问题的决定》提出,"国有资本、集体资本、非公有资本等交叉持股、相互融合的混合所有制经济,是基本经济制度的重要实现形式,有利于各种所有制资本取长补短、相互促进、共同发展"。在此背景下,2014年国务院在《关于加快发展现代职业教育的决定》提出,"探索发展股份制、混合所有制中职院校,允许以资本、知识、技术、管理等要素参与办学并享有相应权利"。发展混合所有制中职院校,本质是实现为经济建设和管理服务培养第一线高端技能型人才这一目标,基于此,理论学习与实践训练的有机结合是关键,实训基地建设是保障。

所谓混合所有制,是指在同一经济组织中,不同的产权主体多元投资、互相渗透、互相贯通、互相融合,从而形成新的产权配置结构和经济形式。❶ 实训是中职院校根据社会需要，给学生提供一个类企业的实际操作环境，对学生进行技能实际训练的一种方式，实训的目的不是科学研究，而是让学生掌握所学专业领域实际工作的基本操作技能和技术应用能力以更好地适应职业岗位的需要，具有良好的胜任能力。

关于混合所有制实训基地的定义，学者们从实训基地建设包含的要素和实训基地所发挥的作用来界定。根据"要素说"，混合所有制实训基地指不同产权主体（包括政府、高校或者企业）共同投资，为学生提供实践教学，保证学生掌握一定职业技能的一系列要素的统一体，包括场所、设备、师资、教材等。根据"作用说"，混合所有制实训基地是指不同产权主体（包括政府、高校或者企业）共同投资，进行实训教学的训练场所，是完成对学生实训教学与职业素质训导，职业技能训练与鉴定，培养高等职业教育人才的实践教学、职业技能培训、鉴定和高新技术推广应用的重要基地。❷

由此可以看出，"混合所有制"实训基地是由国有资本、集体资本、非公有资本等交叉投入所建立的实训基地。根据经济学意义上"混合所有制"的概念，以及中职院校的实地调查结果，职业教育领域当中的"混合所有制"实训基地应当满足两个条件，其一，必须由国有资本参与其中，是国有资本与其他资本之间的混合；其二，办学主体必须是法人。

（二）混合所有制实训基地的特征

混合所有制的表现形式，一言以蔽之，其外观为"混"，实质为"合"。

首先，其表面上表现为"混"，是从其投资主体及投资形式来看的。混合所有制的本质特征是产权主体的多元化和不同资本的交叉投入。根据上文对混合所有制实训基地概念的分析，不难看出，混合所有制实训基地可以理解为两个以上不同性质的所有制主体通过以资本、场地、设备、人员等有形或无形资产"入股"的方式共同举办的实训场所，即国有资本与

---

❶ 张玉清，魏怀生. 混合所有制型校内实训基地建设的探索与实践［J］. 中外交流，2016 (5).

❷ 王林. 高职实训基地建设的思考与实践［J］. 职业教育研究，2004 (12)：24 - 26.

集体资本、私有资本、外资等不同资本中的一种或几种混合。

其次，其本质表现形式为"合"，主要表现在其产权关系及合作目的。从产权关系看，混合所有制实训基地是校企办校的合作方式之一，其形成的模式好比"校中厂""厂中校"，其产权关系是统一的。中职院校面向市场需求办学，将生产性实践活动与教学活动有机结合，使人才培养融入企业生产服务流程和价值创造过程中。例如，南通航运职业技术学院与新加坡海员联合会、新加坡森海海事服务有限公司联合共建股份中新（南通）国际海军培训中心。学院占股34%，主要提供优质师资、实训基地等；新加坡海员联合会占股33%，主要提供国际化资源、行业政策信息和科技发展前沿动态等；森海海事服务有限公司占股33%，主要提供国际化的人才培养理念与先进的培训管理经验。从合作目的来看，都是为了培养高质量的技术技能人才，中职院校能更好地实现其教育目标，企业能更好地实现其发展，实现共赢。为完成这一共同的目标，在人才培养模式上，各方也是紧密合作，形成一体化教学。在这一过程中，企业不再是简单地以获取劳动力为目的，而是越来越多地主动参与到技术技能人才培养过程中，以企业标准引导中职院校的人才培养，实现企业用人标准与中职院校人才培养标准对接，企业生产车间与课堂对接，不断提升技术技能人才的质量。❶

（三）混合所有制实训基地的主要模式

混合所有制实训基地是由国有资本、集体资本、非公有资本等交叉投入所建立的实训基地，主要分为两种模式：合作型实训基地模式和合资型实训基地模式。❷

关于合作型实训基地模式，是由学校提供场地，企业提供设备、技术和师资支持，共同完成技术技能人才，并且要与企业的需求标准相契合；或者是学校提供场地，由企业自主投资经营管理，建立实训基地。上述两者是当前中职院校当中比较常见的模式。

---

❶ 童卫军，任占营. 发展混合所有制中职院校的问题对策与实现形式［J］. 高等工程教育研究，2016（5）：183 – 188.

❷ 柳峰，等. 高职实训基地的建设与发展［J］. 实验室研究与探索，2009（2）：179.

关于合资型实训基地模式，需要学校和企业共同出资，以股份制经营的方式，对基地进行股份制经营、企业化运作。在这种模式之下，需要中职院校提供教师和场所，企业进行资金、设备、技术的投入，双方签署协议，并且采用企业的管理模式，在规定时间内给予学生实训任务，解决学校教育和社会需求脱节的问题，提高学生的社会竞争力。

二、建设混合所有制实训基地的背景

（一）建设混合所有制实训基地是提升职业院校服务能力和人才培养质量的需要

首先，中职院校培养目标的特殊性，要求建立校企融合的实训基地。职业教育的培养目标与普通高等教育的培养目标不同。中职院校的教育对接受过职业教育的学生具有较强的实际动手操作能力，能够在社会中找到与其专业相适应的工作岗位，并能快速适应。如果受教育者在学校未接受过与其所学专业相对应的工作岗位的实际操作能力的培训和锻炼，未进行过任何实训活动，这样的职业教育实际意义很小。中职院校的培养目标决定了实训教学在职业教育中的中心地位，实训基地培养出的实训人才应具有较强的职业综合能力和解决实际问题的能力，是真正的技术应用型人才，与现代工业技术的发展接轨。

其次，建立混合所有制实训基地有利于中职院校和企业实现可持续发展。混合所有制实训基地，是中职院校与企业之间优势互补、寻求共赢，推动职业教育规模化方向发展的模式。根据我国当前教育制度，中职院校不得使用国拨教育经费、科研代管费、基本建设费、专项拨款等预算内资金及用于学生和教职员工的各项基金作为经营性投资，但允许学校将闲置、富余及孵化高新技术企业确需的非经营性资产转为经营性资产。我国中职院校普遍存在规模过小、办学资源紧缺的问题，通过学校与行业企业之间联合，实现资源共建共享，减少办学成本、扩增资源量、增强核心竞争力，企业也在此过程中为企业培养人才，降低人才培养费用，实训基地为企业创造大批高素质的技术技能人才，提高企业竞争力。

最后，混合所有制实训基地建设有利于提高中职院校学生的实践能力，促进学生就业。职业学校的目标是培养应用型人才，根据现代的人才观念，真正的人才不仅具有知识，更要具有能力。实训基地的建设，能够将课堂教育与实际相结合，提高工作技能和实战能力，使学生在将来的就业竞争中具有非常明显的竞争优势。此外，很多投资建设实训基地的企业往往会将参加实训课程的学生直接纳入本企业所用，使学生有了最基本的就业保障。

总之，利用社会资源发展职业教育，提升学习者的知识和技能，不但使企业获益，使学习者获益，也有助于社会的稳定和繁荣，使社会获益。

（二）建设混合所有制实训基地具有现实的可行性

建设混合所有制实训基地具有可行性，主要基于以下原因。

一是国家政策支持。党的十八届三中全会上做出积极发展混合所有制经济的重大决策。《中共中央关于全面深化改革若干重大问题的决定》强调，"国有资本、集体资本、非公有资本等交叉持股、相互融合的混合所有制经济，是基本经济制度的重要实现形式，有利于各种所有制资本取长补短、相互促进、共同发展"。在这样的背景下，国务院颁布《关于加快发展现代职业教育的决定》，指出要"探索发展股份制、混合所有制中职院校，允许以资本、知识、技术、管理等要素参与办学并享有相应权利"。这是"混合所有制"首次由经济领域正式迁移渗透到教育领域。2004年《教育部、财政部关于推进职业技术教育若干工作的意义》出台实施以来，针对职业教育实训条件薄弱这一环节，决定采用中央财政资金引导的方式，加快推动各地职业教育实训基地建设。2005年《国务院关于大力发展职业教育的决定》中强调要继续实施职业教育实训基地建设计划，在重点专业领域建成2000个专业门类齐全、装备水平较高、优质资源共享的职业教育实训基地。中央财政职业教育专项资金，以奖励的方式支持市场需求大、机制灵活、效益突出的实训基地建设。2006年《教育部关于全面提高高等职业教育质量的若干意见》指出实训基地的建设应本着主体多元化的原则，多渠道、多形式筹措资金；要紧密联系行业企业，厂校合作，不断改善实训、实习基地条件。要积极探索校内生产性实训基地建设的校企组合新模式，由学校提供场地和管理，企业提供设备、技术和师资支持，以企业为主组织实训。这些充分体现了国家对于建设混合所有制实训基地的大力支持，在国家政策的扶持下，充分激发中职院校、企业的积极性，有利于混合所有制实训基地的长远发展。

二是混合所有制实训基地建设正在有序推进，并形成了一些可借鉴的成功经验。根据公布的各省高等职业教育质量年度报告显示，全国近20个省份在政府文件中明确提出要积极探索混合所有制中职院校，《教育部高等职业教育创新发展行动计划（2015—2018年）》项目承接一览表显示，有22个省（区、市）提出关于"混合所有制"的项目。在已建成的混合所有制实训基地中，广东工程职业技术学院自2007年与迅达（中国）电梯有限公司开展合作共建的实体学院就是一个成功的案例。迅达（中国）电梯有限公司是国内知名的电梯制造安装企业，刚开始合作时，迅达公司投资2000多万元，在校内建成了一流的生产性实训基地，供学生实训及企业培训使用，双方按照企业员工的培训模式对学生进行职业训导，实行校企"双导师"制，共同承担教学实训任务。合作一年后，学校获批成为首批机械工业部电梯技术技能鉴定站。这一年里，迅达公司也一跃成为华南地区标志性建筑电扶梯最大供应商。2010年，在成功合作的基础上，广东工程职业技术学院与迅达企业共同创办电梯技术学院，成为利益共同体，校企合作进入新阶段。像这样的探索案例还有许多，都为混合所有制实训基地的建设提供了宝贵的经验和教训。

三、混合所有制实训基地建设原则

（一）意向性原则

混合所有制实训基地，其本质是不同的投资主体基于自身的利益需求而组成的一个教学实训共同体，如中职院校追求的是教育目的实现，企业追求的是获取利益，政府追求的是长远的经济发展。这其中会存在冲突，比如高校的非营利性和企业营利性之间的冲突，要避免不同利益主体之间矛盾的发生，在建设实训基地之前各主体就必须达成合作的意向，"求同存异"，资源共享，利益兼顾。此外，在各主体达成合作意向后，在基地建设过程中，还要注意基地建设的目标性，即必须分析学生在不同阶段应掌握的专业知识和专业技能，根据教学规律和专业特点围绕课程设置，以合理性、可行性原则配置实验实训设备，做到尽量避免因建设目标不明确，盲目购置设备，论证缺乏科学性、前瞻性、系统性等现象的发生。

（二）合作性原则

混合所有制实训基地的建设，必须强调校企之间的合作思想。对于中职院校来说，它应该拥有先进、成套的仪器设备和高素质的"双师型"教师，以具备解决企业有关生产工艺、生产技术和生产设备等专业技术问题的能力和条件，能为社会企业的生产和管理提供技术咨询和专业技术服务。对于企业来说，它应具有对外技术服务的生产功能、管理体制与机制，能使自己的资源得到有效的开发利用，提高中职院校专业实践教学教师的业务素质以及教学质量。相应地，只有校企之间进行更好的合作，才能促进混合所有制实训基地的可持续发展。在实践过程中学校只有能够为企业提供技能型人才和技术服务，才能吸引更多企业投资实训基地建设，升级学校硬件设施，扩大生源，提高知名度。同样，企业也只有认识到技能型人才是自身发展的根本和推动力，是增强竞争力的核心要素，才会加强同中职院校的合作，建立更加完善的实训基地。

（三）利益性原则

混合所有制实训基地的建设，各建设主体都是为自己的利益而走到一起，都是利益相关者，需要强调的是，这里的利益不只包括企业所追求的"利润"。要提高混合所有制实训基地的质量水平，必须要兼顾中职院校人才培养和企业利润创造两大核心利益。为兼顾二者的利益，企业可以为实训提供场地、必要的硬件设备，中职院校可以利用这些资源实现培训学生的目的，中职院校发挥智力优势资源，可以为企业的发展提供科学建议、技术理论指导、技术利用系统的完善。❶ 此外，实训基地自身也可以运用市场化手段运作、企业化方式管理，在实训基地中生产社会需求的产品，通过产品销售或是提供服务等途径创造经济效益、合理利益分配机制，加强中职院校实训基地建设。当然，我们不仅要看到各方利益一致的一面，也要看到不同利益主体存在利益冲突并正视它。比如学生利益、中小企业的利益、社会利益和教职员工的利益，需要有具体的考虑和关照，不能简单地为了某个企业的利益而损害其他主体的利益。政府在解决校企之间利益冲突时也需发挥重要作用，基于中职院校的非营利性，企业对利润的追求在混合所有制实训基地建设实践中会被削弱，政府可对参与实训基地建设的企业给予必要的政策保证，如减免税收、财政补贴、低息贷款等经济支持，也可以授予荣誉证书等精神支持。

（四）共赢性原则

建设混合所有制实训基地，有利于各主体之间资源共享，实现共赢。对企业而言，企业为学校提供校外实训基地，一方面可以收取一定的实习费用，另一方面通过实训基地使用企业的产品，为企业的产品作广告宣传。此外，企业也可以通过实训发现优秀人才并留在企业工作，免去了员工岗前培训的过程，节约企业培训费用；对中职院校来说则免去了建设校外培训基地的一大笔费用和管理基地的工作，也有利于人才培养目标的实现；对社会经济发展而言，通过利用实训基地的资源优势，为区域提供劳动力培训服务，还可以为从事国家职业资格认证的培训及考试服务等优化人力资源配置工作，也可以通过和企业合作，将实训基地作为企业技术攻坚、产品研发的科研基地，实现科技成果向生产力的转化，在产学结合过程中实现双赢。

四、混合所有制实训基地的建设策略

（一）建立健全进入与退出机制

为了能够增强混合所有制实训基地建设管理的弹性，完善机制的运

---

❶ 宋书彬，方红. 高职混合所有制实训基地运营模式研究［J］. 职教论坛，2015（6）：78.

行，并且保证整个建设管理的过程实现系统化、规范化，应当优化进入与退出机制。

首先，在混合所有制实训基地建立的初期阶段，可以采用的模式不仅有传统的校企合作形式，也可以涉及企业支持（赞助）、项目引导、系部（教学团队）承包等形式，主要采用的是竞争机制，在制度层面上优化管理，凸显外向型管理特征。

其次，退出模式分为两种情况：其一是由于各种不良因素的影响，实训基地被迫退回原来的传统实训模式；其二是成功退出，由于实训基地的运作情况良好，带来了一定的效果，并且对于院校的发展有着良性的促进作用。如图1、图2所示。

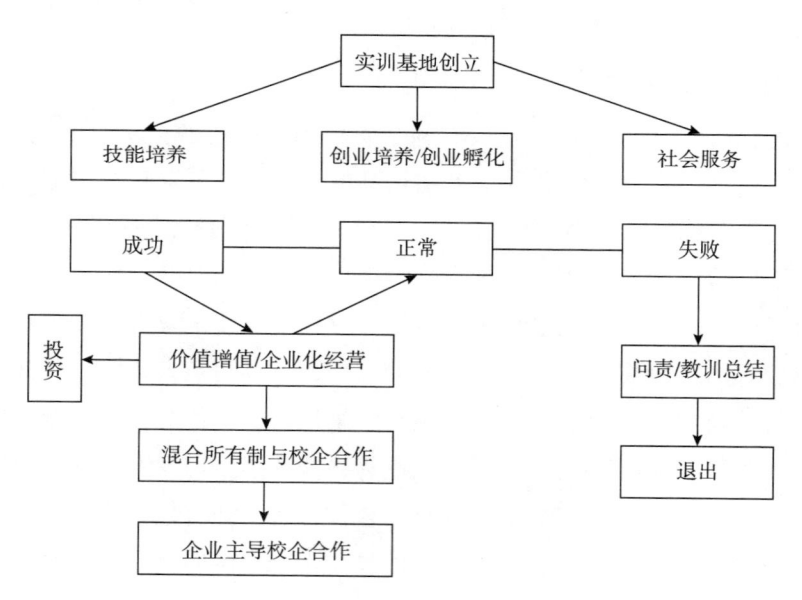

图1 进入与退出模式

在混合所有制实训基地建设过程当中，校企一体化的机制目标往往被放在重要位置重点推进，这一目标强调了股份管理模式、院校控股并列于院校名下。所谓一体化的机制目标，不仅是理实一体化、技能一体化，也表现为教师与师傅一体化。所涉及的考量标准有学校管理费用、实训损耗、产品营销、实体公司发展等要素，进一步构建校内企业财务管理与相关方利益分配均衡机制，在"校中厂""厂中校"的基础之上，实现生产性实训、创业培训、顶岗实习的目标。

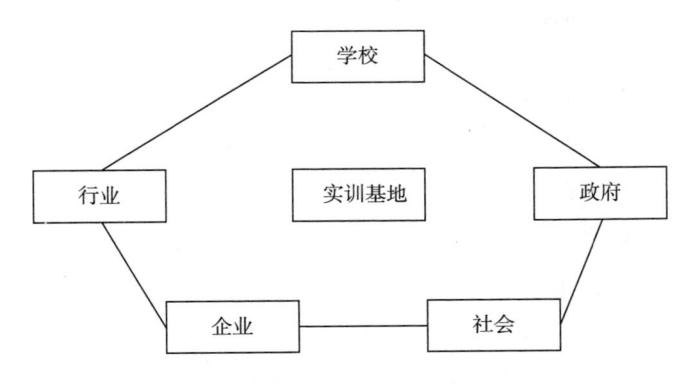

图2 混合所有制实训基地的相关主体

（二）维护各个利益方的合法权益

混合所有制实训基地建设过程当中，会涉及学校、企业、政府、教育主管部门、教师、学生等诸多方面，因此，如何平衡各方关系，维护其合法权益，理应受到重视。

首先，应当维护中职院校的决策权、办学权、经营权，排除行政干预。在不影响市场导向作用的前提下，对于资源进行有效配置，这与当前可持续发展理念相契合。在这方面，可以借鉴湖南科技职业学院的实践经验，该院校联合上海商派网络科技有限公司，校企共同投入资金、场地、软硬件平台，打造集"湖南商贸电子商务服务平台、电子商务链式实训中心、互联网+创新创业中心"为一体的电子商务专业校企合作生产性实习实训基地。在基地建设初期，根据项目建设内容颁布了《基地生产管理制度》《生产项目开发与管理办法》等文件，完善日常运行机制。各部门各司其职，共同对项目建设进行指导与管理。

其次，保证各种类型的民间资本进入职业教育领域当中，与此同时，要注重产权流转机制的融入使用，保证资金进退不受阻碍。

最后，公共财政应当按照生均拨款制度来执行，一方面，能够保障校企合作过程当中的经费问题，另一方面，也能够彰显当前国家推动职业教育的责任感。

(三) 创新市场化运行机制

如上所述,市场在混合所有制实训基地建设当中的作用不容小觑。创新市场化运行机制,需要在中职院校内部建立健全决策、执行和监督三者相互制衡与制约的治理结构,从而保证制度的执行能够到位,监督能够做到有效。以上文湖南科技职业学院的案例为例,在校企合作的过程当中,制定《湖南科技职业学院省级职教重点项目建设管理办法》和《湖南科技职业学院省级职教重点项目专项资金管理办法》等管理制度,加强项目建设的规范化管理。此外,还依据所有权和经营权分离的现代企业制度,成立二级产业学员的决策机构董事会,在董事会当中,各个主体的名额与投票权分配完全由各个投资主体的出资额决定。[1]

与此同时,中职院校与企业建立共建、共管、双赢的实训基地运行机制,是当前实训基地适应市场化运作的一种形式。混合所有制实训基地是中职院校响应国家政策实行混合所有制教学的主要方式之一,校企或政校企合作,各自以有形或无形资产投资。这就好比各方创建了一个新公司,各方投资主体按其投资额持股成为"股东",对公司共同管理、共担责任。但这种混合制企业不同于一般的民营企业,前者的核心目的在于培养高质量的技术技能人才,后者的核心目的在于获取利润,因此,在混合所有制实训基地的实际运营过程中,不能完全按照民营企业的运营模式,还是要结合中职院校的教育方式,制订出一套合适的管理方案。混合所有制实训基地一般由董事会或理事会进行管理,如果实行董事会领导下的校长负责制,则与公办院校党委领导直接冲突。当前,比较普遍的做法是混合所有制中职院校的治理结构需将党委领导下的校长负责制与董事会制有机结合,实行"党委领导,校长负责,董事会监督"的治理模式。具体而言,党委为最高决策机构,中职院校重大事项由学校党委会或常委会按照党的民主集中制原则,就学校内部组织结构调整、内部重要领导干部任免、年

---

[1] 童卫军,任占营. 发展混合所有制中职院校的问题对策与实现形式 [J]. 高等工程教育研究, 2016 (5): 183–188.

一、理论篇

度预算决算等事务进行科学决策。校长为学校行政长官，全面领导中职院校发展，负责学校日常管理。董事会为审议监督机构，一方面，董事会对党委作出的重大事项保留审议权，通过审议在决策阶段加强监督；另一方面，董事会对学校行政进行监督，通过审议和监督能够有效预防决策失误以及职权滥用现象的发生。

创新市场化运行机制还要求建立健全以市场为导向的人才培养模式，开展相应的实践类活动，从而激发整个实训基地的活力。在实训基地当中，最基本的职能依旧是教育教学职能，然后是生产性职能，上述二者之间相辅相成、密不可分。而教师在这一过程当中扮演着重要的角色，中职院校应当出台相关机制，把业绩纳入到相关人员的考核与职称晋升当中，使教师能够进一步提高生产实践、科研实践、技术服务实践能力，进一步为企业服务。关于这方面，可以借鉴苏州市职业大学的实训基地建设，学校与苏州市电梯业商会合作，以电梯学员为平台，共建产学研平台，建设电梯实训基地，并在此基础上共同组建"苏州市电梯工程技术中心"，并联合申报国家、省市项目与课题，承担行业、企业的科研任务。一方面，学校当中该专业的学生能够得到岗前特训的机会，将理论与实践紧密结合；另一方面，企业当中的专业技术人才也能够得到继续教育的机会。

当前，混合所有制实训基地的建设仍然处于探索之中，有可能还存在许多问题，但我们相信，这种模式可分担政府的教育负担，有利于中职院校人才培养目标的实现，可促进企业的长远发展，实现参与各方力量的共赢，是当前中职院校教育改革中的一条正确之路，前景是光明的。

以混合所有制实训基地为载体
探索现代学徒制培养新模式

吕建平

随着我国社会经济结构的转型,产业结构的调整,以及实施乡村振兴战略,职业学校如何给产业升级和乡村振兴提供强有力的人才支撑,这是职业教育发展面临的新课题、新挑战。以"混合所有制实训基地"建设作为校企合作新的突破口,探索和建立现代学徒制,对整合全社会职业教育资源,推进产学融合、校企合作、职业教育办学模式和人才评价机制的创新,加快构建劳动者终身职业培训体系和现代职业教育体系,全面提升劳动者职业技能素质和就业创业能力,具有重要的战略意义。

2013年年底,溧阳市天目湖中等专业学校以电梯、烹饪、旅游、农业、机电等专业混合所有制实训基地建设为契机,率先引入现代学徒制理念,大力探索人才培养模式与课程体系改革、校企合作运行机制建设,为构建现代学徒制人才培养模式奠定了良好的基础。2014年9月,学校被溧阳市正式列为现代学徒制试点学校。

为贯彻落实全省教育工作会议和《教育部关于开展现代学徒制试点工作的意见》(教职成〔2014〕9号)精神,加快推进现代职业教育体系建设,不断完善校企合作育人机制,创新技术技能人才培养模式,我校将现代学徒制试点作为推动职业教育改革发展的重要抓手,高度重视现代学徒制试点工作,坚持服务发展、就业导向,以推进产教融合、适应需求、提高质量为目标,以创新招生制度、管理制度和人才培养模式为突破口,以形成校企分工合作、协同育人、共同发展的长效机制为着力点,以注重整体谋划、增强政策协调、鼓励基层首创为手段,大胆探索实践,着力构建现代学徒制培养体系,全面提升技术技能人才的培养能力和水平。以混合所有制实训基地建设为切入点,创新现代学徒制人才培养模式,倾力打造大国工匠。

一、立足学生培养,剖析人才培养问题

几年来,我们通过调查,在职业教育发展过程中,面临如下几方面问题:①学校人才培养定位不清晰。课程标准设置、教学内容、实习实训设计缺乏岗位标准和行业指导性,教学生产两张皮,学生无法达到企业岗位要求。②企业参与热情不高。从办学模式看,改革开放之前多是厂矿企业办学。企业是办校主体,招工和招生是紧密联系在一起的,生产和教学是紧密联系的。所以,招生、就业和教育质量都是有保障的,社会的认可度较高。改革开放以来,国企改革和企业改制使企校一体、校企合作的职业教育办学体制受到冲击,职业学校逐步转向面向市场需要办学,人才培养脱离了企业生产过程,教育质量受到很大的冲击。加上生源逐步萎缩,学校的生存压力大增,为了生存,在专业设置、课程建设和教学实施方面追求短期效应成为学校不得不面临的选择。目前,企业参与学校的人才培养往往是为了缓解眼前人力资源短缺,而未将其纳入企业的人才储备与培养规划。因担心投入与回报难以平衡,参与热情不高。③学生就业后劲不足。从毕业生就业情况来看,一般中低端的技能工人就业的稳定性较差,在岗位上发展的后劲不足,企业的认可度不高,从而产生了一定的负面效应。另外,学生对所学专业的发展方向没有清晰的定位,对所学知识和技能没有系统的认识和明确的把握,难以有效提升自己的职业素养和职业能力,更无法将学校的教育和将来所要就业的行业企业形成有机的结合。在推动校企合作、工学结合上流于形式化,难以深入融合,不能清晰定位服务地方经济建设发展目标。在培养人才的数量、质量和结构上未能主动适应经济结构转型和产业升级。

针对办学过程中面临的诸多问题,我们以《教育部关于开展现代学徒制试点工作的意见》为指南,打破传统教学模式,以混合所有制实训基地

建设为载体，开展现代学徒制试点工作，改革人才培养模式，大力推进产、学、研的有机结合，根据产业需求，调整专业设置，实现多方向、多技能的培养目标，努力增强学生专业技能。

二、以混合所有制实训基地为载体，全面推进现代学徒制试点

自2013年起，学校以建设"混合所有制实训基地"作为校企合作新的突破口，分别在电梯、烹饪、农业、机电等专业建设混合所有制实训基地，将政府主导作用、行业资源、地方资本、学校技术力量等充分融合，在实训基地的规划、设计、建设、运作和学生的技能培养中，充分体现产教融合的特点。同时，在实习教学方案设计与实施、指导教师配备、协同管理等方面，校企密切合作，推进实践教学改革，确保实践教学质量，建立政校行企"责任共担、人才共育、过程共管、成果共享"的合作机制。

在"混合所有制实训基地"模式下，建立完善了"项目教学模式下任务驱动"实践教学体系，将职业岗位所需的关键能力培养融入专业教学体系，强化了学生专业实践能力和职业技能培养。其目标定位与形式，既与现代学徒制一致，又以高技能人才培养为着力点，采用最新型的方法、最前沿的技术、最优化的手段、最安全的措施探索了精准现代学徒制。

依托"混合所有制实训基地"，积极开展"现代学徒制"试点工作，具体来说，我们推进了下列几方面的试点工作。

（一）四方共建混合所有制实训基地，支撑现代学徒制人才培养模式改革

鉴于实训基地建设资源不足、人才培养与当地产业快速发展脱节、产教融合校企合作机制缺失、教师专业化发展模式陈旧等问题，我校电梯、机电、烹饪、旅游、农业等骨干专业率先采用混合所有制形式建设实训基地，作为校企合作、产教融合的新形式。2014年4月，成立了由政府、学校、电梯商会、企业多方合作共建、共赢的"电梯专业混合所有制实训基地"。创建了由国有资本、集体资本、非公有资本等不同所有制的两个及

两个以上主体共同出资举办的新型教育模式，进而推动了混合所有制实训基地建设的体制改革，拓宽了实训基地建设经费的来源渠道，支撑了现代学徒制人才培养模式的改革，深化了产教融合、校企合作，提升了社会服务能力，助推了区域经济发展。

（二）改革人才培养模式，大力推进教学改革

通过对溧阳市及周边电梯、机电、农业、服务行业的技术负责人及相关岗位的从业人员的调研，回访往届优秀毕业生，在分析调查问卷和查阅大量资料的基础上，各试点专业组完成了《专业人才需求调研报告》《专业职业能力分析报告》《专业人才培养方案》《专业建设方案》《专业课程体系建设调研报告》《专业课程改革实施方案》，校企双方根据技术技能人才成长规律和工作岗位的实际需要，共同制订现代学徒制试点专业人才培养方案，形成了"岗位驱动，能力递进"的工学结合、顶岗实习的人才培养模式。依托政校行企"混合所有制实训基地"建设，在政校行企合作工作委员会的引导下，深入开展现代学徒制教学，运用学校与企业双主体育人，教师和企业师傅双导师教学，学生和学徒双重身份，对学生实行以高技能培养为主的现代人才培养。在实际操作中，遵循"ABC"原则，以 Agreement（校企联合施行学徒制培养协议）、Bothchoice（企业和学生达成双选意向）、Culture（综合性培养评估）培养的学生，不仅能实现技能与行业要求的零距离，而且能帮助学生制订符合自身实际与特点的职业发展规划，提高学生终身学习和持续发展的能力。

按照知识技能培养的要求，加强项目课程的开发，形成以项目课程为主体的模块化专业课程体系。加强教学内容和教学方法的改革，运用"教、学、练、做"一体化的教学模式，使教学更多地贴近工作过程实际，不断提高教学质量，增强教学效果。根据职业岗位知识、能力、技能要求组织教学内容，对原有的课程进行整合。如电梯专业，对专业课程，特别是专业核心课程建构模块化教学模式，打造1门专业核心课程成为项目式精品课程。通过课程解构与重构，使课程设置与职业岗位更好地对接，使学生的技能与岗位能力对接。

（三）建构理实融合课程体系，创新教学管理制度

1. 重构课程体系与教学内容

按照知识技能培养的要求，加强项目课程的开发，形成以项目课程为主体的模块化专业课程体系。行业、企业、学校联合第三方机构根据国家职业标准结合企业岗位标准与职业能力要求，围绕人才培养目标，共同制订专业教学标准、课程标准、岗位标准、企业师傅标准、质量监控标准及其实施方案，共同建设基于工作内容的专业课程和基于典型工作过程的专业课程体系，共同开发基于岗位工作内容、融入国家职业资格标准的专业教学内容、资源和教材，共同推进实践性教学环节实施。形成体现综合性的"典型工作任务模块"，构建与职业标准和岗位需求相对接的"公共课程＋核心课程＋模块化教学"标准框架课程体系。学校承担系统的文化基础、专业知识学习和技能训练；合作企业通过师傅带徒的形式，依据培养方案进行岗位技能训练，真正实现校企一体化育人。该模式在实施过程中选择优良师资、采用行业先进技术、利用先进技术设备、制订恰当教学计划，使学生实现技能与行业要求的零距离，而且在教育教学过程中帮助学生制订符合自身实际与特点的职业发展规划，让学生在职业生涯中有更大的发展空间。

2. 创新教学管理制度

工学结合的人才培养方案对学生"工"与"学"的占时比例进行了调整，学校采用"2.5＋0.5"的培养模式，学生在企业实习实训的时间不少于1/3。一方面，体现学徒和学校学生的双重身份，实现校企一体化育人；另一方面，充分兼顾学生参加江苏省中等职业学校学业水平测试。这有利于培养学生积极进取、勤奋学习的职业精神，形成较高的职业素养、人文素养以及职业发展能力。我们对教学时间进行了调整，对教学内容进行了优化，对教学方法进行了改革，对教学管理制度进行了创新。

（四）打造"双师型"教师队伍，保障现代学徒制教学质量

学校通过引进和聘用以及培训培养、企业实践、学历提升等措施，建立了一支由行业专家、企业技术人员、兼职教师和专任教师组成的"师德

高尚、业务精良、结构合理、数量适当、理实一体、专兼结合"的高素质师资队伍。

在"混合所有制实训基地"的模式下，不断推进现代学徒制师资队伍建设，创新了"校企协同"培育教师的新路径，探索建立了灵活的人才流动机制。完善双导师制，建立健全双导师的选拔、培养、考核、激励制度，统筹安排学校教师与企业师傅共同承担教学任务，形成校企互聘共用的管理机制。共同制定企业带徒师傅标准，选拔优秀高技能人才担任师傅，明确带徒师傅的聘用条件、职责待遇和管理要求，师傅承担的教学任务纳入考核，并可享受相应的带徒津贴。学校将指导教师的企业实践和技术服务纳入教师考核并作为晋升专业技术职务的重要依据。建立了灵活的人才流动机制，校企双方共同制订双向挂职锻炼、横向联合技术研发、专业建设的激励制度和考核奖惩制度。通过教师与行业的交流将最前沿的新技术、新思维带给企业的员工，同时将这些行业经验、新技术的推广情况带到学校的教育教学中，达到共同进步、共同提高的目的。通过这种途径，学校电梯专业共有40多人次参加企业锻炼，培养了26名技能过硬、各有专长的专业教师。通过这种方式，学校和企业共同获益，教师的素质明显提高，大力推进了专兼结合、互聘互用的"双师型"师资队伍建设。

（五）与合作企业成立学生成长俱乐部，丰富现代学徒制人才培养内涵

为提升学生的认知层次，溧阳职教集团与江苏华朋集团合作成立了华鹏成长俱乐部。俱乐部以"在家校沟通中形成教育合力，在阅读中沉淀成长，在实践中得到升华，在名师引领中成就梦想"为教育理念，从"心"入手，通过大量阅读、经典生涯电影鉴赏、国学教育、创业教育、书法练习、社会实践和家校沟通等多姿多彩的社团活动，磨练学生意志，提高学生认知层次，完善学生人格，拓展学生格局，把学生培养成为健康、勇敢、自信、智慧、富有爱心的人，多层次全方位地丰富现代学徒制人才培养模式的内涵。如图1所示。

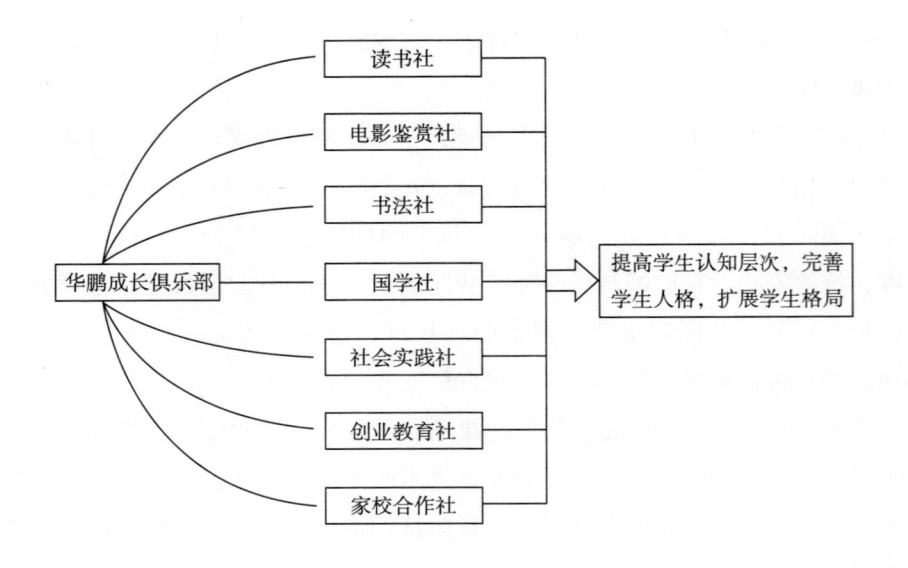

```
                    ┌─ 读书社
                    ├─ 电影鉴赏社
                    ├─ 书法社
    华鹏成长俱乐部 ──┼─ 国学社 ──→ 提高学生认知层次，完善
                    ├─ 社会实践社        学生人格，扩展学生格局
                    ├─ 创业教育社
                    └─ 家校合作社
```

图 1　学生成长俱乐部的活动

（六）建立过程评价、多元结合的质量监控体系

建立健全与现代学徒制相适应的过程评价、多元结合的质量监控体系，落实校企一体化育人、多方参与评价的双主体育人机制，明确企业学徒和学校学生双重身份，引入企业认证，优化"双证书"机制，实施能力本位多元评价，将评价主体转移至第三方机构，评价方式和手段与企业联通，提高工学结合成效。

1. 多元参与

政府部门发挥引导决策作用，行业担任指导、诊断和认证作用，学校、企业、第三方机构直接负责全程质量监控，参与学生的学业及思想品德评价，参照企业员工的职业素养标准要求学生，并作为学生学徒期满后是否能顺利录用的条件之一。

2. 过程评价

每学期，学校、企业联合组织对"现代学徒制"学生进行严格考核，品德、理论学习和技能操作环环相扣，成绩优秀给予奖学金。校企联合组织隆重的"现代学徒制"优秀学生颁奖典礼，并邀请家长观礼，极大地激发学生的成就感和荣誉感。学生毕业前，参加由人事和劳动部门组织的全国职业技能鉴定，获取职业技能鉴定证书，企业考核机构也全程参与督促。

三、不断实践，初享现代学徒制试点成果

（1）依托政校行企四方共建混合所有制实训基地，不断深化产学研。学校教师共参与9个技术创新推广项目或国家创新专利，围绕技能教学、实训基地管理等方面的市级以上研究课题4个，有服务于课改的教学产品成果、校内实训基地建设项目综合创新获奖项目9个。学校申报江苏省教育科学"十三五"规划课题《基于现代化专业群实训基地建设的实践研究——以中职电梯工程技术、酒店服务与管理、现代农艺技术专业为例》（D/2016/03/47），以课题引领，不断探索以混合所有制为切入点创新现代学徒制人才的培养模式。构建了以"行业参与、第三方指导、校企双主体育人、标准化框架培养、能力本位多元评价"为主要内涵元素的人才培养体系，以"混合所有制"作为平衡企业利益的机制保障，打造具有工匠精神的中高端人才培养机制。

（2）我校"实训基地＋校本教材"课题荣获江苏省第三届教育成果二等奖；"中等专业学校混合所有制电梯实训基地建设的创新与实践"课题荣获江苏省第四届教育成果一等奖。两次获奖说明了我校的改革探索，在一定程度上得到了社会的认可。

（3）多次承办各级各类技能大赛。例如，2014年承办常州市总工会电梯行业维保竞赛、2015年承办常州市总工会电梯行业维保竞赛、2015年承办泰州市电梯行业维保技能竞赛、2015年承办江苏省电梯行业企业四星、五星级评定、2016年承办江苏省电梯行业企业四星、五星级评定、2016年承办江苏省职业院校技能大赛电梯维修保养赛项。

积极为兄弟学校与电梯企业提供培训服务，近3年各级各类培训达1240人次。参加培训的单位有：上海三菱电梯有限公司江苏分公司、常熟理工学院机械工程学院、南京地铁运营有限公司、常州电梯协会等。学校作为电梯技能鉴定站，每年为社会行业人员技能鉴定300人次左右，学生

技能鉴定120人次左右。近年来承办常州市总工会、江苏省电梯行业企业四星级、五星级评定等各级各类竞赛与评定6次,承办工作受到各级领导、行业的一致认可,获得社会各界的好评。

(4)教学模式变革提升了学生职业生涯发展潜力。运用"ETCEE 五步工作法"(ETCEE 含义为 Education—教学;Training—实训;Cooperation—合作;Evaluation—评价;Entrepreneurial—创业),采取教学实训、问题导向、头脑风暴、合作交流、多元评价等方式,紧紧围绕人才培养这个核心,以混合所有制为切入点,创新现代学徒制人才培养模式,倾力打造大国工匠。3年来本专业学生在全国技能大赛中获得二等奖以上4人次,一等奖第一名2人次,二等奖2人次;江苏省技能大赛二等奖以上获奖6人次。极大增长了学生生涯发展的潜力。如表1所示。

表1 近三年学生在国家级、省级技能大赛获奖情况

级别	项目名称	时间(年)	获奖情况	选手类型	选手姓名
国家级	全国职业院校技能大赛中职组电梯维修保养赛项	2015	一等奖	学生	沈 阳 胡永旭
	全国职业院校技能大赛中职组电梯维修保养赛项	2016	二等奖	学生	朱 捷 王玉龙
省级	江苏省职业学校技能大赛电梯维修与保养项目	2017	一等奖	学生	苏高弘 任光辉
	江苏省职业学校技能大赛电梯维修与保养项目	2015	二等奖	学生	沈 阳 胡永旭
	江苏省职业学校技能大赛电梯维修与保养项目	2016	二等奖	学生	朱 捷 王玉龙
	江苏省职业学校技能大赛电梯维修与保养项目	2013	三等奖	学生	朱启光 葛 晋

(5)专业专任教师专业能力强,在国家级、省级技能大赛及教育类竞赛中屡屡获奖。多家媒体争相报道,引起我市众多学生及家长的关注,对

我市职业教育及现代学徒制的发展起到极大的促进作用。如表 2 所示。

表 2 近三年专业教师在国家级、省级技能大赛及两课评比获奖情况一览表

级别	项目名称	时间（年）	获奖情况	选手类型	选手姓名
国家级	全国职业院校专业教师教学能力大赛	2015	二等奖	教师	葛志炎　陶　旭
	全国职业院校专业教师教学能力大赛	2016	二等奖	教师	王兵建　虞申网
	全国首届电梯维修工职业技能竞赛	2014	三等奖	教师	李国栋
省级	江苏省职业学校技能大赛电梯维修与保养项目	2017	一等奖	教师	葛志炎　陶　旭
	江苏省职业学校技能大赛电梯维修与保养项目	2015	二等奖	教师	虞申网　王兵健
	江苏省职业学校技能大赛电梯维修与保养项目	2016	三等奖	教师	虞申网　王兵健
	江苏省两课评比	2016	研究课	教师	王兵健

四、乘改革发展之势，走现代学徒制人才培养之路

下一步，我们将重点开展以下工作。

（1）积极争取政府对职业教育培训资源的投入，提升职业技能培训机构的基础办学条件，优化职业教育培训资源的布局，加大对实训基地的建设，加大资源协调整合力度，优化投入结构，改革完善政府购买服务制度。

对接支柱产业和重点企业的技能人才需求，深化"现代学徒制"模式探索，充分发挥和利用学校和企业这两种不同的教育环境和教育资源，突破体制与机制上的瓶颈，使校企合作向纵深发展。

（2）发挥企业在职业技能培训中的主体作用，推进实施企业在岗职工技能提升计划。引导扶持企业切实开展以"招工即招生、入企即入校、企校双师共同培养"为主要内容的企业新型学徒制试点。

建立健全订单培养的长效机制，发挥人才中介服务机构在技能人才培养中的作用，提高劳务基地与相关职业技能培训机构的合作水平，做好校企合作对接服务。

（3）坚持就业导向、技能为本的办学理念和"现代学徒制"的基本办学模式，促进学校内涵发展。通过推进"现代学徒制"，建立政府、企业、院校三方在资金、技术和人才等方面多元化投入机制，提升学校基本办学条件，推进学校专业设置、课程开发、师资建设等内涵建设。

（4）以混合所有制实训基地为载体，不断创新现代学徒制人才培养模式，并以此为课题，深入研究和调整专业结构，丰富专业内涵。通过内涵建设，不断提升办学层次增强学校的吸引力，不断提高职业教育服务区域经济的能力。

总之，要根据企业和学生发展的需要，系统设计人才培养方案、教学管理、考试评价、学生教育管理、招生与招工，以及师资配备、保障措施等工作。以服务发展为宗旨，以促进就业为导向，以混合所有制实训基地为载体，使"现代学徒制"成为校企合作培养技术技能人才的重要途径。逐步建立政府引导、行业参与、社会支持，企业和职业院校双主体育人的中国特色"现代学徒制"，形成校企双赢，取得社会效益与经济效益的双丰收。

参考文献

[1] 王云清. 共建混合所有制实训基地，赞［N］. 中国教育报，2018－01－30.

[2] 省教育厅关于推进现代学徒制试点工作的通知，苏教职〔2016〕26号.

混合所有制打开了校企合作的新通道：
让生产性实训成为可能

袁 洁

近年来，对于职教界来讲除了混合所有制之外，还有好几个名词是非常熟悉的——"现代学徒制""产教融合""校企合作""产学结合""生产性实训"，等等。无论是哪个名词，都是希望职业教育能够按照其教育特点、育人要求和质量标准，通过"教诊改"的方式，拉近与企业生产，与行业市场紧密衔接的距离，努力提升办学质量，办人民满意的职业教育。

但是，无论校企合作还是产教融合，都是合作式的联盟关系，不固定，很松散，而且由于企业以营利为目标追求，与学校以培养人才为目标的非营利型目标不同，所以，企业对于院校来说始终是外来者，院校对于企业而言，又像是一个时而可有时而可无的手杖。很多时候，这种"拉郎配"的关系，带来的并不是积极主动的深度合作，就会出现企业界对于职业院校伸出的橄榄枝，报以不冷不热的回应。这种缺少行业企业参与的职业教育不可能成为真正的职业教育，其人才培养难以满足行业企业的真正需求，因此，强化行业企业的参与性，是职业教育发展的关键所在。

一、校企合作瓶颈之因解析

早在 2002 年，国务院颁布的《大力发展职业教育的决定》中就特别强调了职业教育的健康、快速发展离不开企业的支持，要进一步加强校企合作，吸引行业企业积极参与到职业教育人才培养的过程中，以利于职业教育人才的培养。通过知网搜索"校企合作"关键词发现，我国的职业教育校企合作研究起步于2004年左右，2012年以后逐步趋热；在2015年达到发文数量顶峰；之后，专门研究"校企合作"的论文已经少之又少。这在一定程度上说明了校企合作推进的缓慢和艰难程度。

问题1：流于形式，以偏概全

自从国家提出职业教育必须加强校企合作的意见以来，各级地方职业院校对于校企合作的探索一直在积极开展，积累了很多经验，但是也遭遇了很多瓶颈和困惑。如有些学校出于评估、政绩、项目申报等切身利益考虑，不敢、不愿承认本校的校企合作仍然存在问题，造成以偏概全，形成校企合作的虚假繁荣。

问题2：政策不全，缺乏实质

实践证明，职业院校校企合作一直处在"学校热、企业冷"的"剃头挑子"中。虽然国家和地方出台了很多关于促进校企合作的政策，但都仅仅停留在"提倡、鼓励、支持"层面，在企业社会责任意识不强、缺乏大利益驱动的背景下，企业从源头上便缺少了与学校合作的动力和压力，缺乏实质意义。

问题3：内容单一，形式呆板

众所周知，校企双方共商人才培养机制，共建专业及课程体系，共同开发课程标准，合作开展教育教学管理是深化校企合作的必要条件，很多职业院校也是这么做的。但市场经济发展过程表明，任何一个行业都会面临专业沉浮与产业结构的调整。面临变化，校企双方缺乏与时俱进的意识，合作形式呆板，跟不上步伐，最终"树倒猢狲散"。

问题4：定位模糊，目标不明

校企合作的最终目的就是为合作企业培养合格乃至优秀的一线员工。然而，一方面传统公有制财产管理模式，缺乏效率，使先进设备闲置、空转、无产出折旧，直到报废；另一方面很多校企合作班级的学生的培养质量与企业需求的差距仍然甚远，进入企业顶岗实习时"不会做""待不长"的情况仍旧普遍存在。

综合上述，要打破目前校企合作的瓶颈，除了各级政府出台促进校企合作共同利益的强制性政策之外,行业协会要充分发挥指导职能,在政府、行业、企业、学校四方的共同努力下,搭建政行企校合作信息平台,规范标准,创新和完善企业主动寻求校企合作的渠道,建设混合所有制实训基地,使校企合作更加具有针对性、有效性和实效性,更有利于职业教育提升人才培养质量。

二、建设混合所有制实训基地是打破校企合作瓶颈的有效措施

所谓混合所有制,就是要把传统校企合作式的"拉郎配",转化为"自由恋爱"基础上的"合法婚姻",让企业成为院校的共同所有者,让院校成为企业的法定伙伴。当院校也是企业的一部分,企业对于合作、融合的理解和需求甚至于主动要求,会植根于其生产经营的战略需求而有巨大不同,自然会有更加实质性的投入、管理,院校自身的质量发展以及对企业的贡献率必然会活力迸发、如泉喷涌,很多束缚住职业教育发展的难题,会在这种基本所有制改革中逐步化解。

1. 建设混合所有制实训基地的前提

(1) 破除观念性障碍。混合所有制是一个经济学概念,清晰的产权界定和所有制主体划分是其最重要的基石,但将这一制度直接植入教育领域,就目前环境来看,首先要考虑和解决的是"水土不服"的问题。比如,《中华人民共和国教育法》明确规定,学校属于非营利性机构,不得以营利为目的,而《中华人民共和国民办教育促进法》则规定"出资人可以从办学结余中取得合理回报"。从法律规定角度看,公办职业院校是否可以引入社会资本?如果可以,引资入校后的职业院校如何界定法人类型等等问题都有待解决。简单地讲,投资、产权、经营、收益这几个方面的多元混合才构成混合所有制。

(2) 政府主导出台相关制度和政策。建设混合所有制实训基地,必须解决许多制度和政策上的问题,否则,必将从根本上回到传统的校企合作的模式。单从职业院校内部进行改革,无异于闭门造车,仍然会出现"学校一头热"的现象。比如,为适应混合所有制实训基地建设需要,对扎根于职业院校内的企业进行营利性和非营利性划分,以培养优秀人才和合理

收益作为投资企业的投资回报等举措,都需要突破现有的制度壁垒。

2. 建设混合所有制实训基地的意义

(1)创新职业院校办学思维。混合所有制实训基地的建设及运行,将改变目前职业院校校企合作办学及其被动的现状,大大增强学校在校企合作过程当中的主动性,有利于学校改变传统教育模式,有利于突显职教特色,创建名品、名师、名校,提升学校的内涵建设,为社会进一步提高对职业教育的认可,并为区分职教与普教提供现实案例。此外,混合所有制实训基地的运行可做为教育管理部门、职业院校进一步落实国家政策,深化改革以及制度创新、业务创新的切入点,为解决当下现代学徒制、产教融合、教学诊断与改进、提升职业教育质量等热点问题提供现实依据。

(2)立足行业前沿,激发创造力。混合所有制实训基地实现了教学组织与实训、实践的高效结合,扎实推进了"教学做"一体化,充分调动了企业、学校、系部、教师、学生的主观能动性。在竞争和激励机制下,凝聚力量,激发创造力与创新力,使学校的专业立足行业前沿,创新技术,引导、引领相关技术发展,提高行业认证标准,使学校真正成为学校。在混合所有制实训基地管理模式下,专任教师和学生均有双重身份:教师、专业技术人员;学生、企业员工。这种关系能够有效调动师生教与学的积极性,激发创造力。

(3)提高教学运营质量。混合所有制实训基地的运行模式为学生真正适应企业岗位提供了帮助。以7S管理模式为代表的企业化管理目标,又区别于纯企业管理,有助于充分利用实训设施功能,提高设备利用率,增加学生(学员)实训课时,提高教育教学质量。

(4)避免校企合作的弊端。混合所有制实训基地建设可以有效避免校企合作中企业主导而重利的弊病,有效解决校企合作中"企冷校热"、合作层次不高、可持续性不强等问题。通过生产性实训,不但为学生(学员)提供了实践机会,而且为基地产生了收入,派生了造血功能,为可持续发展提供物质基础,有效缓解职业院校办学经费紧张窘境。

3. 建设混合所有制实训基地的思路

(1)更新建设理念。职业院校的混合所有制实训基地按照外向型、开放式理念运作。按照企业现场生产的技术、设备和设施标准，引入企业先进的管理理念、企业文化、真实项目，以企业生产和服务流程为导向，设计、建设工作过程导向的实训基地，以教学和创业相结合，成为创业孵化基地和职业院校的标志性硬件。

（2）提升建设高度。在学校层面，视混合所有制实训基地为职业教育革新前沿，并以此为契机探究提升职业教育质量的方式和方法，探索职业院校办学模式的试验区，应用各种倾斜政策在教学管理中主动引导，把实训基地视为专业生存与发展的根基，并以此开发课程，发展专业，主动谋求专业生存与发展。

（3）深化建设目的。结合混合所有制实训基地的建设过程，组建团队。教师可将核心技能培养分解成一系列模块，实训项目由简单到复杂、由低端到高端，由练习、实验、见习、实习、设计等递增安排，建立一整套积木式知识模块，把实训基地建设成为新的教学、教法试验基地，主动创新教育、教法，培养创业型技能人才。在学生层面，把实训基地视为技能练习、提高、创新的场地，努力培养主动创新、创业的意识，主动转换角色，崇尚创新与创业。

三、溧阳市职教集团数控技术应用生产性实训基地建设的实践

2009年，溧阳市职教集团通过大量的走访调查与研究，最终与溧阳奥博机械有限公司就建立数控技术应用专业混合所有制实训基地达成一致。该模式是在校企合作的基础上由双方共同出资，以股份制经营建设的生产性实训基地，对基地实行股份制经营、企业化运作，责权利清晰。

1. 混合所有制实训基地概况

我校数控技术应用"生产性实训基地"硬件建设依托学校现有数控实训基地和溧阳奥博机械有限公司现有生产设备为主，以学校机电专业实训基地为辅建成数控车加工车间、数控铣加工车间、加工中心车间、普车车间、普铣车间、钳加工车间、工装及突击生产任务加工车间、现代加工技术车间、三坐标综合检测室等功能（室）车间、产学研开发室、基地管理办公室等。基地总建筑面积近6000平方米，生产设备150多台套，价值近

2500万元。根据校企合作协议，基地以生产产品毛利、技术开发服务、社会培训服务等收益为依据，学校占股纯收益的30%，溧阳奥博机械有限公司占股70%。

2. 混合所有制实训基地的功能定位

该基地是顺应地方企业对现代技术技能型人才的客观需要，通过整合校企公共教学资源而建设和发展起来的。其功能定位主要表现在以下几个方面。

一是将教学功能作为其存在的核心要素，强调在认知基础上加强动手能力和现代制造技术的训练，以满足专业人才培养的需要；二是训练内容实现从传统的"校内实习"模式向生产性实践训练模式转变，目标是培养职业学校学生的生产性实训意识，提升学生专业技能操作水平；三是在保证企业生产效益的前提下，开展科技创新实践活动，提高学生其综合素养；四是充分发挥基地比较齐全而先进的实验实训教学设施与设备，承担各种层次的教学和社会服务功能。

3. 混合所有制实训基地生产性实训的特点

该基地的实训内容是根据数控技术应用专业人才培养方案并结合企业生产任务需求，按照"产"与"教"内在的逻辑关系和技术技能型人才的成长规律，在特定的生产实践环境中对学生进行数控车、数控铣、加工中心等高度综合的融工程设计、制造、管理、创新等环节为一体的"生产性"技术训练。其特点主要体现在以下几个方面。

（1）实训目标的先进性。该基地以培养能力强、素质高的具有综合素养技术技能型人才为主要目标，在强调生产性实践能力的同时，更加重视学生的技术素养的培养。

（2）实训内容的综合性。该基地对学生日常的技能训练不再仅仅是常规数控技术应用专业"独自为战"式的传统训练，而是根据企业生产需要，将数控车、数控铣、加工中心等各方面内容相结合。

（3）实训安排的层次性。根据数控技术应用专业人才培养方案，结合企业实际生产需求，动态调整不同年级、不同层次班级（学生）的实习项目、实习时间，以突出满足校企双方需求为核心，对学生进行分层次的渐进性训练。

（4）实训方法的现代性。将教师的启发、企业师傅的指导与学生的主动体验、积极探究有机结合起来，在训练基本生产实践能力的过程中培养学生的创新兴趣、创新精神与创新能力。

4. 实训基地生产性实训的成效

基地遵循生产性实训"系统化、模块化、梯度化"的原则，根据受训学生的专业差别和要求的不同，增减相关训练内容，构建内容有差异、水平有高低的不同模块，从层次和类别上通过整合形成多元需要的训练模块。

（1）建设产学研一体化团队。通过协调，成立由学校实训处、专业部及企业负责人为主的基地领导管理层，统筹校内生产与实训的任务下达；建立以基地负责人与企业生产管理部门负责人为主的、负责协调基地的生产与实训具体安排的生产管理机构。建立以专业骨干教师、合作企业工程师为主体的产学研一体化团队，成立产教结合研发部。

（2）构建完整的实训课程体系。根据数控技术应用专业人才培养方案要求，明确符合"生产性实训"要求的产品类型，在此基础上，基地团队不断总结、不断修正，最终建成体系完整的教学课程。与此同时，团队成员通过产品的工艺制订、生产安排、加工制作、质量管理等过程的参与，从而达到提升实践能力、丰富实践经验的效果，并且在这一过程中实现创业、创新能力的提高。

（3）推动人才培养模式的改革。通过"生产性"实训基地的建设，进一步实质性地转化学生为学徒、作品即产品、实训即生产、老师即师傅，推进校企联合培养的"现代学徒制"人才培养模式。学校与企业共同研究制订人才培养方案，改革教学质量评价标准和学生考核办法，将学生工作业绩和师傅评价纳入学生学业评价标准。实现专业教学与生产相对接。学生通过在"生产性"实训基地的培养，技能水平有了更大提高，在2018年江苏省职业院校技能大赛中共获得金牌2块、银牌1块、铜牌6块。

（4）提供教师快速发展的平台。近年来，教师在基地锻炼不再是单一的和被动的学习和训练，而是带着具体的工作任务去学习和锻炼，教师的实践活动不再存在盲目性和形式主义。在这个过程中，教师专业实践能力得到提高，生产管理经验得到丰富，创业与创新能力得到培养。在江苏省职业院校技能大赛中累计获得金牌2块、银牌3块、铜牌4块；指导学生获得国家级创新大赛金牌1块，银牌1块，省级创新大赛金牌2块，银牌4块；教师参加省级两课评比获得示范课1次，研究课2次；在学校课程建设中，由基地负责人卢忠涛老师负责的"数控综合加工技术"课程获得学校一类课程建设标准。另外，袁功宙老师取得高级工程师资格，唐春伟老师、周建农老师取得工程师资格。

（5）提升基地的社会服务功能。通过"生产性"实训基地的建设，提升"基地"对合作企业开展技术开发与服务的能力。发挥"基地"功能做好技能培训与鉴定、专业师资培养、创业创新等工作，实现经济效益、教学效益、科研效益、社会效益的共赢。2014年至今，已经培训企业员工3000多人次/天；1200多人次参加中、高级工技能鉴定；组织省城市职业学院系列技能大赛1次，溧阳市技能大赛5次，组织常州地区学生数控专业学业水平考试3次。每次活动都得到了组织方的高度认可，赢得兄弟学校领导和同人的赞扬。

四、几点思考

通过数控技术应用校企合作混合所有制生产性实训基地建设，我校数控技术应用专业在校企合作、课程改革、专业师资队伍建设、文化建设等方面取得了一定的成效，但在实践过程中还存在一些问题值得思考。

1. 相关的配套制度还有待于进一步完善

目前尽管国家对校企合作大力倡导，也制定了相应的指导方针和原则，但在校企合作，特别是构建混合所有制生产性实训基地中双方的权利和义务都没有明确的规定，缺乏相关政策法规的约束与驱动。只凭学校与企业的一纸协议，在激烈的市场竞争，使部分企业无暇顾及校企合作，严重影响其参与校企合作的积极性。

2. 涉及利益的矛盾还有待于进一步解决

企业追求效益，学校讲究的是学生的利益。在基地生产性实训过程中，溧阳奥博机械有限公司生产产品多属小件，单件产品利润较少，需增加加工数量，提高效益；而我们学生在掌握基本操作技能后，初次加工产品时，或多或少会出现操作上或技术上的问题，会产生一些残、次品，降低合格率。这就导致学生在基地实训时，往往会发生"熟练的学生有活干，生疏的学生没事做"的现象，也就是说学生利益与企业效益之间的矛盾如何解决是我们今后必须解决的问题。

3. "教"与"产"的统一性还有待进一步提高

建设生产性混合所有制实训基地的根本目的就是使我们学生的学习更加高效，更加有针对性。因此，要把基地建成集产品生产、教学实训、社会服务等为一体的多功能基地，只有通过真实产品的生产过程加以实现，促进教育教学与产品生产结合、学生的理论学习与实践学习结合、能力培养与知识应用结合、学校学习与企业就业结合。

参考文献

[1] 王寿斌. 校企合作研究过时了吗？[EB/OL]. http：//www.zqb.cyol.com/html/2018-01/22/nw.D110000zgqnb_20180122_4-10.htm，2018.

[2] 刘洪一. 混合所有制，职业院校如何尝试[EB/OL]. http：//epaper.gmw.cn/gmrb/html/2015-08/11/nw.D110000gmrb_20150811_1-15.htm，2015.

[3] 黄蕾，刘帆. 高职院校教学实训模式构建技术研究[J]. 当代经济，2008（12）：112-114.

[4] 杨群祥，熊焰，黄文伟. 我国高职院校校内生产性实训基地建设的历程及思考[J]. 高教探索，2011（5）：118-121.

混合所有制：中等职业学校实训基地模式建设的创新实践

史方平

实训基地是中等职业学校教学的重要组成部分，是培养学生技能与实践能力的主要场所。实训基地建设的优劣，关系到中等职业学校实践教学水平的高低，关系到学生未来就业与适应社会工作的能力，更是中等职业学校办出特色、办出品牌的关键之一。混合所有制概念的提出，为中职学校创新实训基地模式、突破校企合作瓶颈、贴近产业需求，走出一条多元投入、多边合作、多方治理、多样发展的特色之路提供了建设思路，为中等职业学校实训基地注入新的活力。

一、中职学校实训基地建设现状分析

职业教育受到国家、省教育部门高度重视，财政投入不断加大，一定程度上促进了中等职业学校实训基地的建设，但随着地方经济发展和快速转型，中等职业学校实训基地建设与运行中存在的诸多问题愈益显露。笔者曾就学校实训基地教学运行管理方面进行了问卷调查，问卷发放对象是实训教师（含实训基地负责人、专业部分管教学教学主任）和学生，涉及专业类别有加工制造类、信息技术类、土木水利类、财经商贸类，教师问卷发放85份，回收有效问卷85份，学生问卷发放200份，回收有效问卷192份。

1. 非生产性实训模式，决定了实训教学是模拟式教学

很多中职校虽有省级品牌型实训基地，但更多的是自建的校内实训基

地，学校自筹资金，自主管理，服务与日常实训教学。从调查结果来看，模拟式教学是目前实训教师采取的主要模式，表1显示，49.5%的学生选择"教师演示，学生模仿"的实训模式，而"创设情境、先做后学"的实训模式仅占5.2%。可见，实训课堂处于以"教"为主的模拟状态，这纯粹是为了课程理论内容的一种补充式实训模式。学生处于被动状态，完全依据教师预设实现动手操作，而非生产性实训模式，这样的实训模式无法让学生贴近工作岗位、了解工作情境，将导致实训基地缺乏价值创造。

表1 学生对实训课堂教师教学模式情况的评价

实训课堂教师教学模式	人数（人）	样本百分比（%）
教师演示，学生模仿	95	49.5
先授理论，再行实操	52	27.1
边讲边练，理实一体	32	16.7
创设情境，先做后学	10	5.2
其他	3	1.5
总体	192	100

2. 实训资源配置缺乏可持续力，导致实训资源空置率高

中职学校专业设置变动比较频繁，导致实训基地资源配置不合理，部分设备闲置成为摆设，而急需的专业设备却不能满足使用。表4中"资源配置不均衡"成为实训资源空置的第一原因。正因为如此，表2中有31.3%的学生认为实训设备不太够用，导致学生实训过程中只能轮流一次培训。国家虽拨款学校建设实训基地，有限的资金某种程度上暂时保证了实训设备及基础建设，但保证不了实训过程中大量的耗材、实训设备维护与保养，比如表3中"设备出现故障没能及时维修"频数最高，为34.6%，这也成为资源配置缺乏可持续力的主要原因之一。此外，学校缺乏具备生产实践能力的实训指导教师。这些都影响实训基地的可持续力，带来实训资源空置率较高的问题。

表2　学生对实训资源满足程度的评价

学校实训设备是否能满足学习需求	人数（人）	样本百分比（%）
充足	25	13
较充足	34	17.7
一般	68	35.4
不太够用	60	31.3
非常不够用	5	2.6
总体	192	100

表3　实训教师对实训资源不足原因的看法

实训资源不足的原因（多选）	频数（次）	频率百分比（%）	样本百分比（%）
设备成本高，购买较困难	38	24.4	44.7
设备出现故障没能及时维修	54	34.6	63.5
专业配置不均衡	35	22.4	41.2
资源缺乏共享	25	16	29.4
其他	4	2.6	4.7
总体	156	100	85

表4　实训教师对实训资源空置原因的看法

实训资源空置的原因（多选）	频数（次）	频率百分比（%）	样本百分比（%）
资源充足过剩	9	6.9	10.6
资源配置不均衡	34	26.4	40
与教学需求不符	20	15.5	23.5
开放度不够	26	20.2	30.6
保持完好率	23	17.8	27.1
降低使用成本	14	10.9	16.5
其他	3	2.3	3.6
总体	129	100	85

3. 实训资源浪费，导致公共服务水平低下

中职学校实训基地更多的是服务于校内学生日常教学实训，没有对接社会公众培训、企业人员培训等，造成实训资源浪费，无法做到实训资源共享，导致该传统型实训基地缺乏公共利用效率。从表5中可以看出，

61.2%的实训教师指出学校实训资源没能实现社会共享，14.1%的实训教师认为学校有实训资源对外服务。据调查，更多的对外共享项目是计算机实训基地，主要是对社会人员职称培训、电脑业务操作培训及等级考试。

表5　实训教师所在实训基地对外服务情况

你所在的专业实训资源是否对外服务	人数（人）	样本百分比（%）
是	12	14.1
偶尔有	20	23.5
否	52	61.2
未选	1	1.2
总体	85	100

4. 校企合作流于形式，造成产学结合成效不佳

中职学校在实训技能培养上虽是提出了无缝对接、零距离对接的口号，实际上其匹配度远没有达到理想的状态。虽建有校外实训基地，但对企业来讲，主动性远远不够，过多地考虑企业效益，无暇顾及校企合作。对学校来说，对校企合作抱以积极主动态度。对教师来说，有下企业锻炼机会，但进不了企业一线生产，也就出不了紧密结合企业生产的技术科研成果。对于学生来说，虽安排工学交替，但无法与企业师傅有效跟岗贴岗。所以，校企合作无法真正融通，出不了产学结合成果，也就无法转化为现实生产力，如表6所示。

表6　实训教师对校企合作共建基地协同技能训练的情况

校企合作共建基地培训学生技能	人数（人）	样本百分比（%）
学校主动参与	26	30.6
企业主动参与	9	10.6
企业技术人员进课堂	8	9.4
教师下企业锻炼	12	14.1
学生工学交替	30	35.3
总体	85	100

二、混合所有制实训基地的内涵分析

《国务院关于加快发展现代职业教育的决定》（国发〔2014〕19号）

首次将"混合所有制"这个经济学领域的概念引入职业教育领域,提出"探索发展混合所有制,允许以资本、知识、技术、管理等要素参与并享有相应权利"。近年来,多地探索混合所有制办学的模式与经验,为中等职业学校创新实训基地管理体制机制、突破实训基地建设瓶颈之路提供了建设思路。

1. 概念阐述

混合所有制实训基地是采用以资本、场地、设备、技术、人员等有形或无形资产入股的模式共建共享实训基地,实现所有权与经营权分离管理,产权和知识产权学校所有,生产与经营权企业所有。它须基于学校人才培养的标准,紧密结合学生技能、教师教学、企业效益等要素,既实现学校的师生技能积累,又达成教学服务企业、企业带动教学的利益结合点。具体表现为以下三方面:一是实现"六化标准"建设实训基地,即"功能系列化标准、设备生产化标准、环境真实化标准、人员职业化标准、社会服务效益化标准、管理企业化标准"。二是实现"共建、共管、共享、共赢"四共诉求,即多渠道、多形式为实训基地筹措资金,政校企商共建,由专门理事会共同决策实训基地重大事项,学校研发团队和企业技术人员校企共管,实现混合所有制实训基地对外开放,服务社会,辐射地方及周边区域中小企业及中职学校,达成资源、信息、经验及成果区域共享,政府、学校、企业、商会共同获益。三是实现"教学、培训、生产、技术研发、技术积累及技能比赛"一体化功能。

2. 运行框架

混合所有制实训基地运行框架如下:政府投入土地,学校投入师资,企业投入资金,商会投入资源,确立混合所有制实训基地工作体系,实现实训、教学、培训、研发、实践运营,并产生产品,满足政府、学校、企业、商会四共需求,运行成功,实现价值增值,继续投资实训基地运行。如图1所示。

一、理论篇

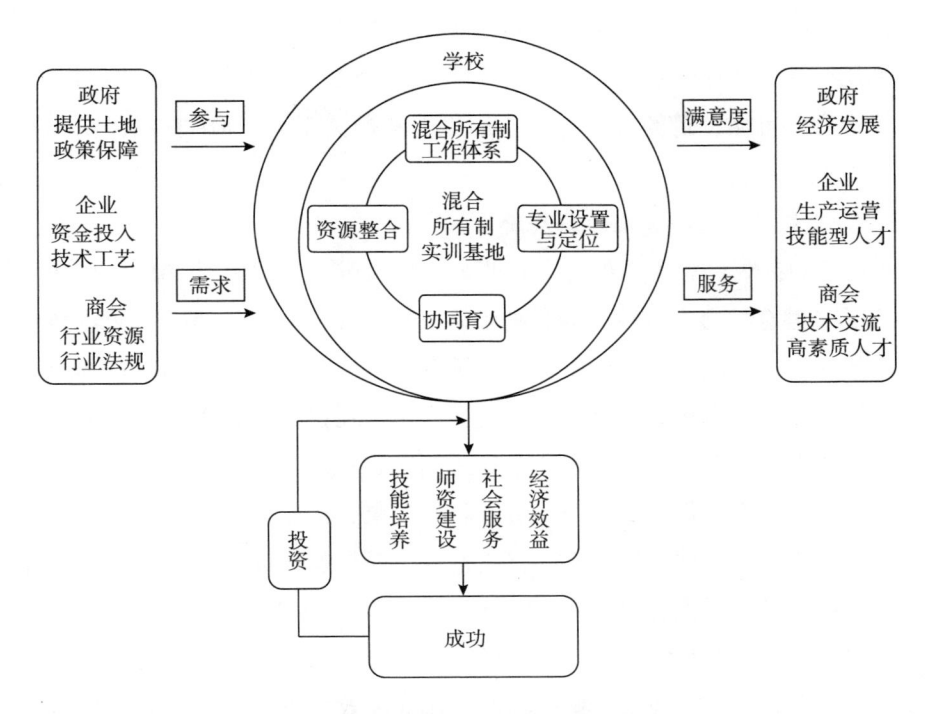

图1 混合所有制实训基地运行框架

三、混合所有制实训基地的创新实践

1. 创新管理机制，实现政校企商"四共"目标

引入混合所有制，可以解决去行政化问题，也打破学校与企业之间的壁垒，切实从本质上实现产学深度交融，进而使资本的使用效率最大化。在"共建、共管、共享、共赢"的合作理念下，溧阳市职教集团以电梯专业的专业优势为突破口，发挥政府主导作用，吸引企业人力资源专家和电梯商会到校调研交流。政校企商四方联动，与江苏立达等四家电梯企业及溧阳电梯商会成立政校企商合作工作委员会，协议共建电梯实训基地，制定系列合作规章制度，明晰政校企商的责权利。政府层面给予政策支持、监督实训基地运行及协调各方利益。学校方面培养技能型人才和提高教学质量，借助基地将技术转化为生产力，不仅推动行业进步，服务地方经济，更是促进职业学校教学改革发展。企业负责日常实训基地经营活动，

关注经济效益，同时负责招收学员、就业安置、资金资助、绩效考核。商会利用行业资源保障学生和参训学员的就业。这样，混合所有制实训基地的管理有章可循，目的有据可依，形成了互融关系，"你中有我，我中有你"的四共目标。

2. 集聚社会力量，激活社会资本活力

《国务院关于加快发展现代职业教育的决定》（国发〔2014〕19号）提出了"健全社会力量投入的激励政策"等指导性意见，为解决职业教育资金投入不足问题提供了思路。混合所有制形式在集聚社会闲散资本等要素时比单一的所有制形式更能发挥集聚作用，在执行过程中有利于推动社会资产所有权的转移，能够对社会经济结构、资产结构等起到优化、增值作用。另外，突破行业的限制、所有制的约束，按照市场价值规律对社会上闲置的资本、劳动等要素进行有效整合。学校建设混合所有制电梯实训基地，以"政校企商会共建"的投入机制，将政府的主导作用、行业的资源、地方企业资本和学校的技术力量充分融合，激发市场主体活力，解决投资主体资金无出路现象，将社会资本在管理效率与技术创新的优势结合起来，保证了学校教书育人的本质没有变，避开了学校资本运作能力不足的短板，实现了多元化开放式互补与融合，为职业教育的春天注入活力。其中，在政府主导下，合作企业出资3200万元资金建设综合楼、实训车间，购置教育教学设备，负责基地运行的各类资金保障，占实训基地75%股份，这样，企业将闲散资金转换为教育资本，不仅激活了企业资本，更优化了资本结构。另外，通过混合所有制电梯实训基地建设，聚集了社会力量，成立了溧阳市电梯商会，投入最新的行业资源，扩大基地资源平台，占实训基地5%股份。学校投入师资和技术支撑，规划方案，承担培训，占实训基地20%股份。

3. 瞄准地方产业，提升人才培养质量

职业教育的目的就是让学生充分就业，就业的关键就是提高人才培养质量，提高人才培养质量是现代职业教育发展的核心工作。混合所有制实训基地的建设正是基于人才培养质量观的宗旨，瞄准了溧阳市"十三五"规划中溧阳制造业将建成"一区+四园+多点"产业发展分布格局，瞄准

一、理论篇

地方产业转型升级，紧跟市场，提高电梯专业与区域产业发展的吻合度与适应度，提升学生的综合技能水平与职业素养。第一，发挥行业指导作用，联动制定电梯行业人才评价标准和教学标准。第二，以电梯岗位工作过程化要求调整电梯专业课程结构，更新课程内容。第三，实现产教融合教学改革，利用企业的先进技术和设备，将现代学徒制理念贯穿于实践教学，将模拟化教学实训转变为企业生产化实训模式，强化行业对教育教学的指导，促进教学过程与企业生产过程深度对接。第四，以企业工作过程确定教学流程，以企业生产性实训为主线，按照初步认知→基本技能→专项技能→综合技能的思路，从电梯职业岗位基础能力的初级能力、电梯职业岗位专业专项能力的中级能力、电梯职业岗位综合能力的高级能力三个层次培养学生，保证学生职业能力梯队递进发展，将职业素质教育贯穿于技术人才培养全过程，实现学生角色向技术员工角色的逐步转换。近年来，学校电梯专业所培养的人才质量逐年提高，职业资格鉴定一次通过率96.2%，就业率99.5%，对口率100%。技能大赛学生组（电梯类）获国家级1金1银，省级1金2银2铜。为企业输送了400多名电梯专业一线安装维保人员。

4. 规划师资培养，突破教师专业化模式

通过混合所有制实训基地的建设，学校不仅把握了人才培养方向，而且有针对性地规划师资培养，形成"技术共练、课程共建、科研共训"的培养思路。

首先，重视教师基本能力的培养。以企业培训为主体，校本培训为路径，形成内培外训的师资培养长效机制。学校每学期都安排专业课教师进驻企业教师工作站，进行企业调研、参观学习，通过新老教师帮扶，提高新教师教学能力和技能水平。

其次，培养实训教师实践能力。学校引导专业教师走出校园进入混合所有制实训基地生产一线挂职锻炼，要求每个专业教师"带着任务去，拿着成果回"。通过生产实践，教师了解生产岗位对中职学生理论知识和技能操作的要求，促进自身理论和技能水平的提升，也有利于教师在安排教学任务时能更贴近企业生产实际，为学校课程改革和专业建设出谋划策，并成为校企合作课程建设的骨干力量。

最后，培养教师科研能力。专业教师在岗位上对企业人员进行理论指导，与技术人员进行新产品开发或新工艺研究，提升自身科研能力。通过几年规划，学校成功打造了省级名师工作室1个，市级名师工作室1个，开发了省级中职规定教材1本及精品课程资源。培养了26名技能过硬业务精湛的电梯专业教师，安装了实训电梯井道16台、国际一线品牌电梯12台、扶梯2台。

5. 共享教育资源，扩大辐射社会功能

混合所有制实训基地不仅实现了学校实训教学的功能，更为区域产业行业发展能力的提升起到了造血功能。从而，教育资源得到充分共享，社会功能得到充分发挥，社会效益和声誉明显提升，名品效应也辐射到周边地区的行业与职业学校。

首先，实现职业技能鉴定功能。职业技能鉴定是混合所有制实训基地专业实训教学功能延伸，对学生来说经过一定时间实训后，参加职业技能鉴定考核，促进学生掌握更多的技能，更为学生毕业走向社会提供职业资格保证。另外，还对社会人员进行职业技能鉴定，一定程度上提高社会人员的就业水平和岗位工作能力。近年来，实训基地为迅达电梯有限公司等6家电梯公司完成了600多人次的电梯安装中级工与高级工鉴定。

其次，实现社会培训功能。社会培训功能是混合所有制实训基地开放共享资源的一种体现，是增强辐射功能的基本要求。校企双方利用开放的基地资源，依据就业岗位变化需求，开发新的职业技能培训项目，创新社会培训教育教学方式，面向企业员工、下岗人员、转岗人员、农村劳动力转移人员等为主的各类社会培训。近年来，实训基地为19家电梯用人单位培训了1007名员工，收到电梯行业的一致好评。

最后，实现技术研发功能。技术研发功能是混合所有制实训基地促进产教深度融合、服务地方区域经济的重要体现。校企双方制定合作协议，发挥各自优势联合进行新技术新工艺研发与推广，促进研究成果转化为生产力，实现产教研一体化发展，促进混合所有制实训基地可持续发展。如企业技术人员与学校教师共同研发了电梯门机实训设备19套。

四、思考

电梯专业混合所有制实训基地建设是学校创新实训基地建设的开始，在实践过程中发现了一些值得进一步思考的问题。

1. 实训理念的构建

实训教学是中职学校特有的课堂教学，如何建构以学习力的解放为基本视角的实训课堂，是涉及以学习者为中心的理念构建问题。我们需要进一步研究混合所有制实训基地学生跟岗贴岗走岗实训的每个环节，只有真正解放学生学习力，才具有实训动力、实训毅力、实训能力和实训创新力，从而获取知识、分享知识、运用知识和创造知识。

2. 实训内容的转化

混合所有制实训基地背景下的实训内容必须有特色，实训课堂内容不仅帮助学生获取基本技能，使其达成职业技能鉴定标准，而是要为学生适应未来职场生活做好准备。为此，在实训过程中，需要考虑内容的转化，需要考虑学生创新能力及差异性，回归生活，尤其是未来的职场生活，真正将实训内容转化为符合不同层次需求的工作任务，在满足差异性的基础上，培养学生职业创新能力。

3. 学习方式的革命

"互联网+"背景下新教育体系的种子不仅在学校，还可以从家庭教育、工作场所、学习中心、视频软件、远程教育中得到。这种学习也引导学生实训学习方式的变革。为此，实训不仅仅是停留在课堂，也要拓展到课外。这就需要教师提供海量资源，需要构建物理世界和虚拟世界的无缝对接，为泛在学习提供无缝环境，学生可以在多种情境下多种方式的切换与体验，实现学习自由的追求。

总之，混合所有制实训基地建设在中职学校实训基地模式创新中有着独特优势，我们建设政府指导、企业主体、学校主导、商会参与的混合所有制形式的实训基地，找准了政校企商多方诉求的结合点，认准了校企合作的定位点，瞄准了混合所有制生产服务的发力点，拓宽了实训基地可持续发展途径，满足了现代职教体系需要，激发了中等职业学校办学活力。

参考文献

[1] 王昌国,商小琴. 高职院校校内生产必实训基地建设之探索 [J]. 中国市场, 2011 (6).

[2] 丁莉萍,刘克勇. 校内实训基地建设要素 [J]. 中国职业技术教育, 2014 (8).

[3] 娄明东. 中职学校生产性实训基地建设策略与实践研究 [D]. 杭州:浙江工业大学, 2014.

[4] 宋书彬,方红. 高职混合所有制实训基地运营模式研究 [J]. 职教论坛, 2015 (6).

[5] 中华人民共和国教育部. 教育部关于深化职业教育教学改革全面提高人才培养质量的若干意见 [EB/OL]. (教职成〔2015〕6号) http://www.moe.edu.cn/srcsite/A07/moe_953/201508/t20150817_200583.html.

[6] 孟源北,樊明成. 发展混合所有制职业院校的若干思考 [J]. 中国高教研究, 2016 (5).

[7] 王云清. 中等职业学校"股份制合作实训基地"建设与运行的实践 [J]. 中国职业技术教育, 2017 (7).

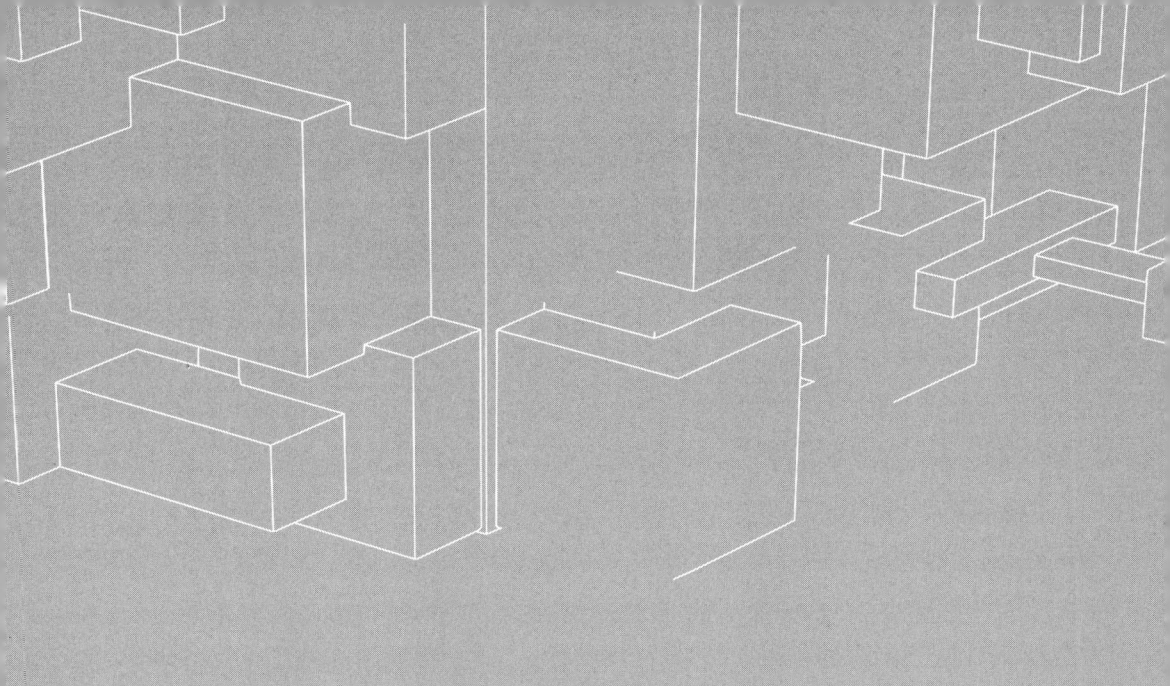

二、实践篇

中等职业学校"股份制合作实训基地"建设与运行的实践

王云清

江苏省溧阳市在第十五届（2015年）全国县域经济与县域基本竞争力百强县评比中位列第47位，"十三五"规划中溧阳制造业将建成以江苏中关村科技产业园为龙头，上兴金属加工及环保产业园、别桥电梯产业园、南渡新材料产业园、竹箦汽车零部件产业园为支撑，以埭头绿色建材产业园、戴埠镇工业园区、社渚镇工业园区等多点为补充的"一区+四园+多点"产业发展分布格局。为深化与主导产业、特色产业和战略性新兴产业的合作，增强职业教育为地方工业经济服务的效能，在别桥镇人民政府的主导和组织下，溧阳市天目湖中等专业学校与溧阳宏达电梯培训有限公司进行股份合作，在别桥镇电梯产业园区共建电梯技能型人才培养培训基地。

一、实施背景

（一）别桥电梯产业园电梯专业人才紧缺

近年来，别桥电梯产业园区电梯专业从业人员紧缺。究其主要原因：一是别桥电梯产业园规模不断壮大。其园内企业数，预计经过5年的发展，将从起初的3家电梯整机制造企业、5家电梯配件制造企业、50多家电梯安装维保企业，增加到5家电梯整机制造企业、20家电梯配套型企业、100家电梯安装维保企业的规模。确保产业园的正常运转，需要大量的电梯生产制造和安装维保从业人员。二是电梯行业内的"溧阳现象"造成本地区电梯从业人员的需求相对紧张。全国各地溧阳籍电梯安装维保企业达400多家，部分企业借助国家"一带一路"的国际化开拓，其业务已深入到非洲、东南亚、中东甚至是经济发达的欧洲地区。据资料显示，溧阳人包揽了全国电梯安装市场的60%以上，高速梯95%以上。许多著名地标性建筑如鸟巢、东方明珠等都展现了溧阳电梯安装工的智慧。因而，尽管从事电梯相关产业的溧阳籍技术人员已达10万之众，安装人员近3万人，但是，国内外的急剧拓展使电梯行业人员的需求还将持续扩大。

（二）电梯行业需要高素质的技能型人才

2016年5月9日在上海举办的2016电梯安全国际研讨活动上，相关部门权威人士披露了电梯行业的最新数据：2015年中国电梯制造量为76万台，同比增长6%。截至2015年12月31日中国电梯的保有量达到425万台，许可制造企业696家，许可安装维保企业10326家。这一数据显示，电梯行业的发展重心正从制造向安装特别是维保方向转移。首先，这在客观上提升了对电梯从业人员的素质要求，即不仅要求有过硬的技能，而且还要求有较强的沟通能力、协调能力和管理能力。其次，随着电梯使用时间的增加，电梯的维修、改造及控制系统性能的升级对从业人员提出了更高的要求，不仅是要求有较高的技能水平，而且要有设计、报价、改造等综合素养。最后，随着新技术的运用，特别是"中国制造2025"的逐步实施，电梯行业也随之向智能化方向发展。电梯智能化安装、智能化维保和管理、甚至是电梯智能化检测等需要的人才不再是传统意义上农民工式的安装、维保从业人员所能胜任的。这些都充分表明，传统的电梯人才培养模式已远远不能满足行业对高素质技能型人才的需求。

（三）现代化专业群建设基地能级提升的需求

加强专业建设，是职业学校加强内涵建设、提高教育质量的根本举措，是推进职业教育创新发展、科学发展、优质发展的核心环节，是现代职业教育体系建设的重要内容。为提升职业学校办学水平和服务经济社会发展能力，江苏省职业教育在"十三五"期间全面实施现代化专业群建设。提出现代化专业群建设要有利于优化专业结构，有利于发挥品牌效应，有利于促进资源整合，有利于形成育人特色。这促使职业学校要结合自身实际情况，充分发挥行业带动优势、重点建设专业声誉优势和办学资源优势，实事求是地合理规划和优化专业结构，系统设计课程体系和课程群，有针对性地加强师资队伍建设，并结合"互联网＋"新形势需要，提升专业群建设信息化水平。因而，切实发挥电梯专业这一品牌优势，引入政府和行业的支撑，推进电梯专业实训基地能级提升，这是当前天目湖中等专业学校实现现代化发展的必然选择。

二、主要目标

（一）充分发挥地方政府在校企合作中的主导作用

学校积极争取政府支持和引导，大力宣传校企合作必要性，引起政府关注，促进政府制定和实施相关政策法规，支持引导校企合作发展，给予财政支持和制度保障。一方面，政府在校企合作中充分发挥主导作用，给予合作企业以适当优惠条件，吸引企业主动参与校企合作；另一方面，由政府劳动保障部门、发改委、教育、科技、财政、人事等部门牵头，吸收企业人力资源专家和职业学校代表组成校企合作领导管理体系，搭建信息平台，为校企合作积极创造条件。此外，政府发挥其组织、资源调控和管理优势，把学校和企业的职业教育资源统筹规划，根据地域经济发展需要，确定培养方向和目标。通过建立"校企合作委员会"等形式组织实施机构，制定培养方案和教学计划，指导校企合作各个环节，协调解决合作中出现的各种问题。

（二）积极探索县级职业教育股份制合作实训基地新模式

溧阳属于经济中等发达的县级市，分散性经济特质明显，没有国企、央企、大型支柱型企业及上市企业，在职业教育校外实训基地建设方面存在很大的困难，依托政府的主导，学校吸引行业和地方资本合作校外实训基地，构建县级区域职业教育股份制合作实训基地新模式，对于职业学校实训基地建设是一种新的尝试和突破，具有十分有益的借鉴意义。

(三) 努力开辟职业学校专业教师企业实践新途径

《职业学校教师企业实践规定》中指出，组织教师企业实践，加强"双师型"教师队伍建设，促进职业学校教师专业发展，提升教师实践教学能力。其出发点是教师到企业去提升个人能力。

在我校进行股份制合作实训基地建设的探索中，教师到企业不仅是去学习心得技能，更是利用学校积累的教学能力和技术优势帮助企业进行建设和发展。通过教师对企业的技术支持和参与对社会人员、企业员工和政府管理人员的培训，摸索培养教师的新途径。

三、建设过程

(一) 建设思路

根据江苏省溧阳市"十三五"规划中别桥电梯产业园的产业发展分布格局，在别桥镇人民政府的主导和组织下，依托别桥电梯产业园，溧阳市天目湖中等专业学校与溧阳宏达电梯培训有限公司进行股份合作，在别桥镇电梯产业园区共建"股份制合作实训基地"。发挥溧阳市天目湖中等专业学校电梯专业的专业优势，以学校的技术力量及电梯专业的品牌效应，吸引社会资本参与学校电梯实训基地建设，培养在校中职学生的同时，进行各种层次的社会培训，承办各种类别的技能大赛，为别桥电梯产业园、溧阳电梯行业培养技术技能型人才，扩大电梯行业的"溧阳现象"的影响力，为溧阳的电梯支柱产业保驾护航。

(二) 建设内容

（1）通过"股份制合作实训基地"的建设，探索校企合作的新模式，进一步探索以就业为导向、以能力为本位的教学改革模式，进一步创新学校人才培养模式。建立完善"项目教学模式下任务驱动"的实践教学体系，强化学生专业实践能力和职业技能培养，将职业岗位所需的关键能力培养融入专业教学体系，增强毕业生就业竞争能力。

（2）通过"股份制合作实训基地"的建设，探索教师企业锻炼的新模式，丰富教师企业锻炼的内容。以教师主动参与、承建实训基地为切入点，以教师承担各种对外培训为抓手，提高教师技术技能水平。促进教学相长，在培养"双师型"教师的基础上，培养更多的技术型教师。

（3）通过"股份制合作实训基地"的建设，探索实践教学的新模式，进一步优化校企合作培训方式，提升校企合作培训层次，丰富校企合作培训内涵。

按照"股份制合作实训基地"的建设要求，别桥电梯产业园（别桥镇人民政府）支持提供场地，社会自然人独立投资，建立厂房和购买电梯实训设备，学校提供技术和师资，以学校为主联合行业商会、企业对实训基地进行设计、规划和建造，制定实践教学计划、大纲、项目、内容和教材，为学生和社会人员专业实训提供真实的岗位训练。学校将课堂建到企业车间，在实习教学方案设计与实施、指导教师配备、协同管理等方面与企业密切合作，推进实践教学改革，确保实践教学质量，建立校企之间"责任共担、人才共育、过程共管、成果共享"的合作机制。

四、条件保障

（一）政校企合作，共建基地组织机构

在溧阳市别桥镇政府的主导下，进行"股份制合作实训基地"的建设。同时，成立溧阳市电梯商会，秘书处设在溧阳市天目湖中等专业学校。在此基础上，成立别桥电梯产业园政校企合作工作委员会、专业建设委员会和工学结合、顶岗实习工作委员会。政校企合作工作委员会（决策层）由溧阳市别桥镇党委书记任主任，别桥镇镇长和溧阳市天目湖中等专业学校校长任副主任，别桥电梯产业园区企业领导为成员组成校企合作领导小组。政校企合作专业建设委员会（建设层）由学校校长任主任，副校长和别桥镇副镇长任副主任，学校办公室、教务处、学生处、各专业部主任及电梯产业园区企业专业技术人员为成员。政校企合作工学结合、顶岗实习工作委员会由学校校长任主任，副校长担任副主任，主要成员由学校学生处管理人员、电梯专业部分管顶岗实习的副主任、专业骨干教师、电梯产业园区企业主管人事的人员、顶岗实习指导教师和班主任等组成。

（二）社会资本投入，完善基地硬件设备

1. 教学场地

根据别桥镇人民政府和学校的协议，"股份制合作实训基地"设立在别桥电梯产业园区，由企业出资1200万元新建办公综合楼、实训车间及教学和生活配套设施。

2. 设备提供

"股份制合作实训基地"教学和培训所需的教育教学设备，由社会自然人（溧阳宏达电梯培训有限公司总经理）出资2000万元购置，学校负责整体规划设计、构建建设方案和具体设备安装调试的实施。经营、教学和培训过程中所需要的师资全部由学校派出。

3. 资金保障

"股份制合作实训基地"在组织教学和培训过程中，企业负责基地运营的各类资金保障，占实训基地75%股份。并保证管理教师、教学教师和培训教师的工作津贴。

（三）商会资源入股，扩大基地资源平台

溧阳市电梯商会利用其在行业中的背景资源入股，占实训基地5%股份，积极争取政府政策支持，充分利用行业的影响力，保障学生和培训学员的就业。

（四）学校技术入股，保障基地专业教学

学校以技术入股，占实训基地20%股份，提供师资和技术支撑，负责"股份制合作实训基地"的规划和建设、培训方案的制订、学生实习及培训工作的正常开展，承担提高培训质量的义务。

五、主要成效

（一）以股份制合作基地为突破口，创新产教融合新机制

校企合作进行实训基地建设，是建设高水平现代化实训基地的有效途径。如何探索新型校企合作新途径？如何丰富校企合作的内涵？如何挖掘政府、行业、企业和学校的资源为学校的专业建设服务？这些是我

二、实践篇

们中等职业教育一直都在深耕的问题。"股份制合作基地"的新型校企合作的方式,是校企合作新的突破口,这种方式将政府的主导作用、行业的资源、地方资本和学校的技术力量充分融合,集中体现在实训基地的规划、设计、运作和学生的技能提高中。通过实践证明这种探索是行之有效的。

"股份制合作基地"还创新了产教融合新机制。深化"产教融合",对于加快职业教育改革发展有着极其重要的意义,其中之一就是有利于将职业学校和企业研发的成果转化为生产力,推动企业技术进步和产业升级转型,更好地服务于产业发展。"股份制合作基地"正是在新的职业教育改革的背景下产生的,不仅体现了"产教融合"的特点,而且有了进一步的创新。创新之处在于:"股份制合作基地"的模式保证了学校教书育人的本质没有变,也避开了学校资本运作能力不足的短板。学校通过基地将技术转化为生产力,极大地推动了行业的进步,更好地服务了地方经济。

(二)以高技能人才培养为着力点,探索精准现代学徒制

在我国,现代学徒制是基于培养具有必要理论知识和较强实践技能的高素质、技能型专门人才,职业学校与用人单位在政府的引导下,在实践环节采用"师傅带徒弟"的形式培养人才的过程。"股份制合作基地"的目标定位与形式既与现代学徒制一致,又以高技能人才培养为着力点,采用最新型的方法、最前沿的技术、最优化的手段、最安全的措施探索了精准现代学徒制。"精"——师傅水平高、培训设施设备先进、训练方法先进、结合行业发展紧密。"准"——学生的培养目标定位恰当、学生职业发展规划明确、对行业发展及现状定位准确。"股份制合作基地"在培养过程中选择优良师资、采用行业先进的技术、利用先进的技术设备、制定恰当的教学计划,使学生实现技能与行业要求的零距离,而且在教育教学过程中帮助学生制定符合自身实际与特点的职业发展规划,使学生的定位不仅停留在技能工人的层面上,还在职业生涯中有更大的发展空间。

(三)以夯实校企合作平台为切入点,开辟企业实践新途径

"股份制合作基地"的模式下,教师在企业锻炼不再是单一地去学习,

很多教师是带着技术去指导企业。教师为"股份制合作实训基地"进行整体设计建设规划，对各实训场所的实训场地、实训设备进行设计，对实训设备进行安装、调试。溧阳市天目湖中等专业学校专业教师共制作、安装了 16 台实训电梯井道及相关电梯安装实训设备；安装用于维保电梯实训和考核的各名牌电梯 12 台、扶梯 2 台；自行设计、安装了电梯门机实训设备 6 套。同时通过教师与行业的交流将电梯专业最前沿的新技术、新思维带给企业的员工，最终将这些行业经验、新技术的推广情况带到学校的教育教学中，达到共同进步、共同提高的目的。在"股份制合作基地"的模式下，以夯实校企合作平台为切入点，开辟了教师企业实践新途径。教师企业实践不再存在盲目性和形式主义，必须根据自身专业特长和发展需求，与企业共同制定发展目标，在指导企业技术的同时对自身的长期发展进行规划，是培养教师极其有效的方法。通过这种途径，短短二年多时间，学校电梯专业共有 40 多人次的企业锻炼，培养了 20 名技能过硬、各有专长的专业教师。为学校专业发展和"股份制合作基地"稳定运作打下了坚实的基础。

（四）以强化社会服务功能为出发点，打造行业标准新品牌

1. 训练培训，树立口碑

随着学校电梯专业建设不断推进，人才培养模式的不断探索，"股份制合作基地"的不断完善，基地的作用在学生专业技能中日益彰显。由于师资的充足、基地设备的完整、训练方法的科学，学生的综合实践能力不断提高，教师和学生在各级各类比赛中不断取得好成绩，共获国家级金牌 1 枚、国家级银牌 2 枚、省级二等奖多次。学校的教学模式得到社会和企业的广泛认可，吸引了一批电梯企业和大专院校慕名前来进行员工上岗培训或教学实习，其中不乏上海三菱电梯有限公司、南京地铁运营有限公司、常州电梯协会、苏州汇川技术、江苏省特检院、常熟理工学院等大型企业和高等院校。2014 年至今，已经培训 6000 多人次。培训效果明显，深受用人单位和社会好评。

2. 考级考证，确立规范

学校作为机械工业职业技能鉴定中心电梯行业分中心的鉴定站，组织

二、实践篇

过国家电梯行业职业技能示范鉴定，组织过中级、高级和技师不同层次的职业技能鉴定工作，拥有丰富的职业技能鉴定经验。通过"股份制合作基地"，圆满组织了学校应届毕业生共120人次的电梯安装中级工、电梯维保中级工的鉴定工作，累计面向企业进行了200多人次的中、高级工鉴定，鉴定工作严谨科学，受到电梯分中心的好评。

同时，我们还在基地开展电梯上岗证培训和考核工作。积极开拓与各省市质量技术监督局合作业务，并受他们委托进行电梯上岗证理论和实际操作的培训和考核。目前，已被常州市质量技术监督局确立为社会人员电梯上岗证培训考核指定单位。上岗证培训和考核人次已超过800人次。

3. 组织竞赛，赢得认可

在基地开展学生技能训练和社会培训工作的同时，学校积极承担基地的社会责任，主动承办各级各类竞赛。先后高质量地完成了常州市电梯行业职工技能竞赛、泰州市电梯行业职业技能竞赛、江苏省电梯维保企业四星、五星考核评估技能考核等工作。特别是2014年、2015年，两度承担了江苏省电梯维保企业四星、五星考核评估技能考核工作，来自全省48家高星级电梯维保企业都在我校电梯培训平台上一试高低。两次星级评估工作，各方反馈都非常满意，进一步提高我校电梯专业在全省的美誉度。2015年8月江苏省人社厅、团省委、质监局组织的全省第一届电梯安装维保竞赛在我校成功举办。我校技能竞赛组织工作的能力受到行业和各级部门的共同认可，近年来举办的地市级以上电梯安装维保达8次之多。在此基础上，积极创建江苏省职业学校技能大赛的赛点，方案已得到大赛组委会的认可，基地购置了大赛专用设备5台，其他准备工作也都已准备就绪。

六、体会与思考

（一）兼顾教师管理和专业成长的原则

"股份制合作基地"的模式下，电梯专业教师得到了培养，教师的技能素养得到了很大的提高。但是我们也发现，教师管理存在较大的难度。教师在基地实践时的身份是双重的，既是学校的教师，工作上又受企业的领导。由于企业运行机制与学校管理存在很大的差异性，这就不仅要求教师的技能水平高，而且需要教师的职业素养高。又由于教师在企业服务，更多面对的是企业行业员工和社会人员，教学对象更多强调的技能水平，在企业服务时间过长会对教师的专业成长产生负面的影响，如面对在校学生时教学方法的单一、学生教育和管理水平的下降、甚至对学校管理的陌生等。因此，在"股份制合作基地"模式下一定要兼顾教师的管理和教师专业成长的问题。比较恰当的方式是"轮换制"，即根据教师的能力水平、擅长方向将教师分成不同小组，分批到企业服务，半年一轮换，这样教师技能在规定的时间内完成企业实践，又保证了教师脱离学校教育教学一线的时间不长，实现双赢。

（二）坚持诚信合作和明确合作的约束条款

职业学校是以教育学生为第一要务，培养具有高技能水平学生为目的、最终服务地方经济的。资本运作的最终目的是利益。社会资本投入实训基地建设的目的在服务社会之外肯定也有利益的驱动。学校擅长的是教育教学，但最不擅长经营。企业擅长经营，更在乎利益的最大化。企业运作资本的逐利性、企业经营亏损的可能性、学校组织教学和培训的时效性，企业和学校最终的目标之间，势必存在互相顾虑和猜忌，所以在"股份制合作基地"模式下如何让企业、学校能长期、公平合作就需要以诚信合作为基础，在双方合作的合同中要有约束条款来保证双方合作的可能性。如企业经营年报要公开、利益分成到位等问题要预先考虑并制定相关的合作条款，以达到双方共赢的目的。

（三）"股份制合作基地"的发展愿景

在"股份制合作基地"的探索过程中，我们发现在这一模式下还可以做更多的探索。

溧阳作为革命老区，有部分老区的人民生活水平还急需提高。溧阳周边的安徽、浙江部分山区的人民生活水平也要改善，在国家开展精准扶贫的背景下，我们可以利用溧阳"电梯安装之乡"的品牌效益，通过"股份制合作基地"紧密结合产业企业的特点，为老区、山区的贫困劳动力转移做出努力,通过专业培训既为严重紧缺的电梯行业提供了高技能人才,又为老区、山区人民脱贫致富找到一条合适他们发展之路。

随着国家"一带一路"战略的实施,我国电梯行业已走出国门。这就迫切需要综合素养更高的电梯技术技能人才。"股份制合作基地"依托学校的系统化教育和基地的专门化培训,肯定能培养出符合新形势要求的电梯专业技能型人才。如何利用好这一优势,在实施"一带一路"战略的背景下,为行业发展贡献更大的力量,彰显我们职业学校在国家经济建设中的地位,将是我们进一步探索和研究的方向。

参考文献

[1] 中国社会科学院财经战略研究院. 中国县域经济发展报告(2015)[EB/OL]. http://www.zgsxzs.com/a/20150504/687693.html.

[2] 溧阳市人大. 溧阳市国民经济和社会发展第十三个五年规划纲要[EB/OL]. http://rdbgs.liyang.gov.cn/default.php?mod=article&do=detail&tid=292486.

[3] 中国电梯协会. 2016 电梯安全国际研讨[R]. 中国电梯协会,2015.

[4] 江苏省教育厅. 省教育厅财政厅关于推进职业学校现代化专业群建设的通知[DB/OL]. http://www.jsve.edu.cn/articles/2015/12/28/58765.htm.

[5] 王云清. 中等职业学校"园中校"建设与运行的实践[J]. 中国职业技术教育,2013(23).

[6] 徐国庆. 实践导向职业教育课程研究[M]. 上海:上海教育出版社,2005.

[7] 石伟平. 时代特征与职业教育创新[M]. 上海:上海教育出版社,2006.

[8] 陈广庆,等. 中国现代职业教育理论与实践探索丛书[M]. 北京:人民出版社,2013.

校企人才培养的精准对接

——数控专业混合所有制实训基地建设的实践

芮进方

溧阳市位于江苏省南部，苏浙皖三省交界，地处上海经济区和宁杭经济带的重要区域内。随着区域经济建设与城际建设的不断深化，近年来，溧阳工业依托劳动力、土地、交通、税收政策等区域优势，在不断做大做强制造业的同时不断进行产业结构调整、制造设备的更新换代，特别是更多企业无论是理念、认识还是从实际情况都已经从根本上巩固了先进技术与先进设备对生产效率提高的重要性，更多的企业更新数控设备，如数控车床、数控铣床、加工中心、数控镗铣、数控线切割、数控激光切割，等等。截至 2016 年年底，全市共有工业企业 4000 余家，其中与数控专业相关的骨干企业超过 200 多家。2015 年全市完成固定资产投资 322 亿元，全市实现工业总产值 1600 多亿元、产品销售收入 1591 亿元[1]。根据溧阳市《"向先进制造出发"三年行动计划》及主动对接"中国制造 2025"战略的要求，溧阳对先进制造业人才的需求量将越来越大，因此如何更好地培养适应企业发展需求的高规格、实用型技能型人才就变得更为突出、更为迫切。为此，2014 年 6 月，江苏省溧阳中等专业学校与溧阳奥博机械有限公司就建立混合所有制实训基地达成一致意见。

一、实施背景

（一）需要高效而快速地解决数控专业人才紧缺问题

近年来，溧阳市工业产业园区建设高速发展，高新企业入户溧阳的速

---

[1] 摘自《2016 溧阳年鉴》，第 123 页。

度大大加快；同时，各制造业企业先进制造设备的升级改造也是令人惊讶，从而引发了数控专业从业人员严重紧缺。根据2015年6月校园招聘会信息汇总（见表1）情况分析，规模以上制造业企业需求本专业人数在256人以上，而实际解决的数量为91人，满足率不足36%。

表1　2015年6月校园招聘会企业需求与顶岗实习人数安排汇总（摘录数控专业）

单位：人

序号	单位名称	需求工种	需求人数	招录人数	备注
1	江苏华朋集团	数控	36	15	
2	江苏正昌集团	数控加工	30	11	
3	常州市百斯福模塑有限公司	数控加工	5	0	
4	科华控股股份有限公司	数控加工、数控编程	35	16	
5	江苏国强镀锌实业有限公司	数控	12	7	
6	江苏华强模具科技有限公司	数控加工	8	1	
7	江苏金梧机械有限公司	数控加工	6	0	
8	江苏冠宇机电设备有限公司	数控加工、数控编程	25	13	
9	江苏羚羊机械有限公司	数控加工	6	0	
10	江苏力乐集团	数控加工	12	2	
11	溧阳四方不锈钢制品有限公司	数控加工、数控编程	12	3	
12	常州正华机电科技有限公司	数控	12	5	
13	江苏保龙机电制造有限公司	数控加工	20	6	
14	江苏云通机电设备有限公司	数控加工、数控编程	8	1	
15	布勒（常州）机械有限公司	数控加工、数控编程	20	5	
16	吟飞科技（江苏）有限公司	数控	15	6	

（二）需要解决学生对产品质量意识及企业生产管理流程认识不足的问题

由于受实训课堂化及学生技能工考要求的影响和限制，学生的技能训练沿袭从基本加工方法到综合课件制作（基本加工方法综合运用）这一传统教学模式。在教学中，学生仅能掌握基本加工方法及按照职业技能鉴定要求去度量制作件的加工质量和效果，对于产品的加工技巧、熟练程度、质量意识和效率意识等根本得不到培养，对于企业生产管理模式及生产流程管理等方面的认识等更是无从谈起。如此传统培养模式下培养的学生书生气十足，往往眼高手低，不能符合企业对人才实际需求的要求。目前，虽然教学安排按照"2.5+0.5"的教学模式，其中有一个学期的时间下企业进行顶岗实习，但学生从作品式训练直接进入产品化生产，其中所缺乏的"磨合期"而导致存在的问题可想而知；且从实际效果来看，学生无论在学校掌握的专业知识或是专业技能是否过硬，学生进入企业后仍然需要企业加大力度进行培训，而对于本地区的小型企业恰恰在这一点上是一个致命的弱点，最终导致企业对培养对象的满意度下降，总认为学校培养的学生不够优秀，而且会导致企业与学校合作的动力不足。因此，解决好学生进入企业时具备一定的产品质量意识及企业生产流程管理的理念就显得尤其重要。

（三）需要解决技能教学改革过程中产生的问题

众所周知，现代职业教育实践中存在多种多样的教学模式，也有各种各样的实践方式，诸如"七个合一"：车间与教室合一、学生与学徒合一、教师与师傅合一、理论与实践合一、作业与产品合一、教学与科研合一、服务与创收合一的教学实践模式等。各种教学模式或是教学实践所体现出来的优点和预期效果是令人激动和期待的，但真正从实际的效果来看并不令人满意，其主要原因在于以下三个方面。当然，这三个问题也是真正实现技能课程改革终极目标的关键。

第一，如何按时保质保量完成合作企业的生产任务？通常情况下，企业的生产任务是有着完成时间、完成数量以及质量限制的，且存在极强的随机性。但是学校的技能教学工作是有着一定的计划与规定的。因此，学校不可能为了合作企业的生产任务而出现调整训练安排以及让训练学生加班等情况。

第二，如何真正实现作品即产品？学生技能学习过程必须循序渐进，但企业的生产产品对于学生所掌握的技能方法上来说可能存在跨越性，这就导致了企业产品直接作为学生训练作品的局限性。另外，需要企业接受未完成的半成品，这样的合作肯定会造成企业的动力不足。因而，如何寻

二、实践篇

找合适的产品并能解决好可能出现的半成品问题就显得尤为重要。

第三，如何解决好学校与合作企业的利益问题？企业的终极目标是追求利润，这是无法改变的现实。学校的终极目标是培养高素质技能人才，但如果在合作过程中出现学校与合作企业争抢经济利益，那么，其合作关系也将结束，但如果合作企业只有经济意识而无社会责任意识，其合作也将是不可持续的。

（四）需要解决专业教师实践能力提升的问题

虽然各级教育部门在每一学年都会组织专业教师进行各种专业培训，但培训的内容是否符合专业教师的现实情况和发展需要还是值得商榷。而传统的校本技能培训只能停留在技能方法的层面上，真正的实践能力还是需通过解决企业产品生产或是技术服务项目这一过程才能得到提高。

二、主要目标

（一）探索真正能够实现产学研一体化的实训基地新模式

通过数控实训基地混合所有制建设，探索产学研一体化运作机制和管理模式；建立管理与运作团队并形成完善的、可持续发展的团队建设机制。

（二）提升学校数控专业教师生产实践能力，为深化校企合作注入动力

通过数控实训基地混合所有制建设，真真实实地提高教师专业实践能力与生产管理经验，加强专业教师的创业与创新能力，提升学校专业教师的整体水平，从而实现学校专业教学水平的整体提升；同时也是为专业教师服务企业生产实际及企业升级改造，促进校企合作良性发展奠定基础。

（三）提高学生的专业实践能力和综合职业素养，提升教育效果

通过数控实训基地混合所有制建设，促进作品即产品的吻合度、融合度，提升学生对产品质量及企业生产管理流程的认识，缩短学生从学生身份向企业员工转化的"磨合期"；通过作品即产品的转换，降低学校对技能教学的投入成本，促使学校技能教学更高效。

（四）建成既符合数控专业教学实际需求、又有一定模式并可调整的专业课程

通过数控实训基地混合所有制建设，在一段时间内形成并建成整套的、切实有效的专业课程，并能根据教学实际情况和需求进行适当的调整与修改。

三、建设过程

（一）建设思路

首先，做好合作企业的调研与选择。由于"混合所有制实训基地"的建立其目标明确、要求高，它不仅需要企业领导者的理念先进、社会责任感强、外交业务能力强，还需要企业有培训学员的经历与经验。虽然溧阳本地的制造业企业数量多，但真正符合要求的企业并不多。因此，前期的调研与考察、恰谈等工作就显得尤为重要。通过大量的走访调查与研究，最终我校与溧阳奥博机械有限公司就建立混合所有制实训基地达成一致。

其次，成立"混合所有制实训基地"管理领导机构，建立产学研一体化团队。通过学校与企业的沟通与协调，成立由学校实训管理部门负责人及企业负责人为主的基地领导管理层，统筹校内生产与实训的任务下达；建立以学校基地负责人与企业生产管理部门负责人为主的、负责协调基地的生产与实训具体安排的生产管理机构。建立以专业骨干教师、合作企业工程师为主体的产学研一体化团队，成立"产教结合研发部"。

最后，梳理数控专业教学的节点、形成完整课程体系。根据数控专业教学大纲要求，由产学研一体化团队梳理出专业教学节点，根据专业教学节点要求，明确符合"节点"要求的产品类型，然后再根据产品类型由合作企业业务员跑业务、寻项目。在此基础上，产学研一体化团队不断总结、不断修正，形成系列，最终建成体系完整的教学课程。同时，产学研一体化团队的专业教师通过产品的工艺制订、生产安排、加工制作、质量管理等过程的参与，从而达到提升实践能力、丰富实践经验的效果。并且在这一过程中实现创业、创新能力的提高。

二、实践篇

（二）建设内容

1. 体制机制建设

以数控车加工、数控铣加工、加工中心专业为中心，依托由学校和溧阳区域制造业骨干企业组成的校企合作委员会，成立"数控实训基地混合所有制"建设指导委员会。该委员会对"数控实训基地混合所有制"建设工作进行指导与帮助，特别是相关合作企业需能为本基地提供"产品"和服务项目。由学校实训管理部门负责人及企业负责人作为"基地"领导管理层。由学校基地负责人与企业生产管理部门负责人作为"基地"具体工作负责人，负责协调"基地"的生产与实训具体安排的生产管理。由专业骨干教师、合作企业工程师为主体、专业教师和企业技术骨干组成产学研一体化团队，成立"产教结合研发部"。

2. 硬件环境的建设

"数控实训基地混合所有制"硬件建设依托学校现有数控实训基地和溧阳奥博机械有限公司现有生产设备为主，以学校机电专业实训基地为辅建成数控车加工车间、数控铣加工车间、加工中心车间、普车车间、普铣车间、钳加工车间、工装及突击生产任务加工车间、现代加工技术车间、三坐标综合检测室等功能（室）车间。另外，建有产学研开发室、基地管理办公室等。按照校企共建、共管、共享的原则，建设成为具有产品生产功能、技能培训功能、技能鉴定功能、技能竞赛、创业创新功能、技术开发与技术服务的一体化基地。

3. 教学团队的建设

专业教师充分利用"数控实训基地混合所有制"加强生产实践锻炼，提高自身实践操作能力和专业素养，"基地"选配的专业教师中100%具备高级工职业资格，80%以上的专业教师具备技师以上职业资格。

通过"数控实训基地混合所有制"实训基地管理人员和专业带头人的培训培养，使他们在专业、行业领域形成一定的影响力，成长为教学名师、技能大师、管理能手。积极引进和高薪聘请行业、企业的专家和技术中坚担任基地实训指导教师，充实基地教学团队，切实提高"基地"的成效。

4. 人才培养模式改革

通过混合所有制数控实训基地的建设，进一步实质性地转化学生为学徒、作品即产品、实训即生产、老师即师傅，推进校企联合培养的"现代学徒制"人才培养模式。学校与企业共同研究制定人才培养方案，改革教学质量评价标准和学生考核办法，将学生工作业绩和师傅评价纳入学生学业评价标准。实现专业教学与生产相对接。

5. 提升基地的社会服务功能

通过混合所有制数控实训基地的建设，完善产学研一体化机制，提升"基地"对合作企业开展技术开发与服务的能力。发挥"基地"功能做好技能培训与鉴定、专业师资培养、创业创新等工作，实现经济效益、教学效益、科研效益、社会效益的共赢。

四、条件保障

（一）校企合作，共建基地组织机构

1. 成立"数控实训基地混合所有制"建设指导委员会

指导委员会成员由学校和溧阳区域制造业骨干企业领导组成，该委员会职责是对"数控实训基地混合所有制"建设工作进行指导与帮助，相关合作企业为本基地提供"产品"和技术服务项目。

2. 成立基地建设领导小组

领导小组组长由学校实训管理部门负责人担任，副组长由企业负责人担任，领导小组负责基地运作、计划制订、业务联系、生产任务下达等。

3. 成立基地建设工作小组

由学校基地负责人担任组长，企业生产管理部门负责人任副组长。工作小组负责协调"基地"的生产与实训具体安排的生产管理。

4. 成立产学研一体化团队

成员由学校专业骨干教师、合作企业工程师为主体、专业教师和企业技术骨干为支撑。产学研一体化团队负责生产产品的工艺制订、生产安

排、加工制作、质量管理、合作企业技术服务、创业创新、技能大赛、对外培训等。

（二）设备投入，完善基地硬件

1. 教学场地

根据校企合作协议，混合所有制数控实训基地建在学校数控基地内，基地总建筑面积近6000平方米，各功能室齐全。

2. 设备提供

根据校企合作协议，混合所有制数控实训基地的教学与生产设备，学校提供共计120多台套，价值近2000万元；溧阳奥博机械有限公司提供生产设备共计30多台套，价值近500万元。学校负责整体规划设计、构建建设方案。

（三）基地股权分配

根据校企合作协议，混合所有制数控实训基地的股权不是以投入设备设施的价值为依据，而以生产产品毛利、技术开发服务、社会培训服务等收益为依据。基地需要支付生产过程中产生的管理费用、对外技术服务的开支、社会培训产生的费用等。学校占基地纯收益的30%股份，溧阳奥博机械有限公司占基地纯收益的70%股份。

五、主要成效

（一）混合所有制实训基地成为产教融合最佳突破口

校企合作共建实训基地，开展产学研一体，是目前各个职业学校都在做的工作，但在如何做实、做出成效这一问题上各个学校也都在积极思考。我校"混合所有制实训基地"的校企合作模式，使"产教融合"不再是表面上的、形式上的，而是实实在在的。

这种模式中，所有在校企合作委员会中的合作企业均能主动提供生产产品及需要的技术服务项目。对于合作企业来说，提供更多的"产品"和技术服务项目将更有利于学校培养的人才符合其企业需要。在现有技能型人才紧缺的情况下，企业合作的积极性得到了充分调动。

（二）混合所有制实训基地成为实用型人才的孵化器

学生在"混合所有制实训基地"培养模式下，对于产品的理解、加工技巧、熟练程度、质量意识和效率意识都得到了加强，对于企业生产管理模式及生产流程管理等方面也有了一定的认识。缩短了学生从学校到企业、学生到员工的"磨合期"，企业对于这类学生满意度更高，学生在顶岗实习安排时更为抢手。

学生在"混合所有制实训基地"培养模式下，学生技能水平有了更大提高，学生在省级技能大赛中共获得金牌2块、银牌1块、铜牌6块。

（三）混合所有制实训基地成为教师专业化的最好平台

"混合所有制实训基地"的模式下，教师在基地锻炼不再是单一地、被动地去学习和训练，而是带着具体的工作任务去学习和锻炼，教师的实践活动不再存在盲目性和形式主义。在这个过程中，教师专业实践能力得到提高、生产管理经验得到丰富、创业与创新能力得到培养。

在"混合所有制实训基地"的模式下，三年来，学校专业教师共有30多人参与此项目。专业教师的专业技能水平得到很大提高，在省级技能大赛中共获得金牌2块、银牌3块、铜牌4块；在指导学生创新大赛中获得国家级金牌1块，银牌1块，省级创新大赛中获得金牌2块，银牌4块；在教师参加省级两课评比中获得示范课1次，研究课2次；在学校课程建设中，由基地负责人卢忠涛老师负责的"数控综合加工技术"课程获得学校一类课程建设标准。另外，袁功宙老师取得高级工程师资格，唐春伟老师、周建农老师取得工程师资格。

（四）混合所有制实训基地强化了为社会服务的功能

1. 对外培训更显成效

"混合所有制实训基地"产品和技术服务项目均来自合作企业，而企业在生产过程出现的问题更需要有针对性的解决措施，鉴于企业培训力量的薄弱，企业更愿意将针对员工的培训，特别是新员工的培训任务交由学校实训基地来负责，这样针对性更强、目的性更明确。2014年至今，已经培训企业员工3000多人次/天。培训效果明显，深受企业和社会好评。

2. 考级考证和组织技能大赛更顺畅

"混合所有制实训基地"建设以来，学校共组织了中、高级工技能鉴定多次，参加鉴定人员 1200 多人次，鉴定工作材料、设备及组织工作更严谨、更顺畅。

"混合所有制实训基地"建设以来，共组织省城市职业学院系列技能大赛 1 次，溧阳市技能大赛 5 次，组织常州地区学生数控专业学业水平考试 3 次。每次活动都得到了组织方的高度认可，赢得兄弟学校领导和同人的赞扬。

综上所述，通过"数控实训基地混合所有制"建设，在校企合作、课程改革、专业师资队伍建设、文化建设等方面取得了明显成效，可以概括为以下几个方面。

（1）有力地推动了课程内容建设的改革，使课程内容更加贴近生产实际的需要。

（2）有力地推动了教学方法的改革，使教学方法更加符合职业教育的特点及学生实际的需要。

（3）有力地推动了专业教师的快速成长，使专业教师的理论知识水平和实践能力都得到了快速提升。

（4）有力地推动了学生实践水平的提升。真实的生产环境，使学生在实践中更接近未来工作的需要，能更好地适应企业发展需求。

（5）有力地推动了校园文化与企业文化的有机渗透，使学生的职业素养得到提升。

（6）有力地推动了教学实践成本的降低，变消耗性实训为增值性实训。

六、两点思考

从"数控实训基地混合所有制"建设和实践过程中取得了一定成效，但还是存在一些问题值得思考。

（1）混合所有制实训基地毕竟是由学校与企业共建，虽有合作协议，但随着合作企业的自身发展需求的变化或者社会经济形势的变化等都会导致这种模式存在不确定性，因此如何确保这一模式的延续性就更值得考虑。

（2）政府的激励措施、扶持资金、税收政策等是否会考虑或鼓励这种模式的发展，如果有政策的支持那将更有利于促进合作企业的合作热情。

机械加工现代化实训基地混合所有制建设的实践与思考

郑和莲

随着我国社会产业结构的调整和国民经济的飞速发展，企业对高素质技能型人才的需求不断加大，在溧阳市委市政府"十三五"规划中溧阳制造业将建成以江苏中关村科技产业园为龙头，上兴金属加工及环保产业园、别桥电梯产业园、南渡新材料产业园、竹箦汽车零部件产业园为支撑，以埭头绿色建材产业园、戴埠镇工业园区、社渚镇工业园区等多点为补充的"一区＋四园＋多点"产业发展分布格局。为深化与主导产业、特色产业和战略性新兴产业的合作，增强职业教育为地方工业经济服务的效能，在天目湖镇人民政府的主导和组织下，溧阳市天目湖中等专业学校与常州布勒机械有限公司进行合作，在天目湖镇工业园区共建机械加工技能型人才培养培训基地。

一、实施背景

（一）溧阳地区机械加工专业高素质技能型人才紧缺

溧阳市地处长江三角洲，交通便利，机械制造业发达，随着改革开放，溧阳市引进的外资企业越来越多，特别是近年来溧阳中关村引进的新能源及新能源汽车制造类大型企业急需大量的机加工中、高级专业技术人员。并随着国内经济的飞速发展，很多机械制造类企业纷纷并购国外的相同或相近运行模式的企业，由低附加值向高附加值转变。

溧阳地区属县级市，主要靠中小企业振兴地方经济，机械制造领域高技能人才是决定中小企业发展的关键因素。专业人才是创造企业利润的源泉，是企业发展的动力源，人才兴，事业兴，人才强，企业强；随着机械制造行业的升级，由机械传统制造向智能化制造"工业4.0"转变，机械制造从业人员不再是传统意义上农民工式的操作工所能胜任的；这些都充分表明，传统的纯校内机械加工人才培养模式已远远不能满足行业对高素质技能型人才的需求。

（二）现代化专业群建设是学校专业建设和发展的迫切需求

加强专业建设，是职业学校加强内涵建设、提高教育质量的根本举措，是推进职业教育创新发展、科学发展、优质发展的核心环节，是现代职业教育体系建设的重要内容。为提升职业学校办学水平和服务经济社会发展能力，江苏省职业教育在"十三五"期间全面实施现代化专业群建设。提出现代化专业群建设有利于优化专业结构，有利于发挥品牌效应，有利于促进资源整合，有利于形成育人特色。这促使职业学校要结合自身实际情况，充分发挥行业带动优势、重点建设专业声誉优势和办学资源优势，实事求是地合理规划和优化专业结构，系统设计课程体系和课程群，有针对性地加强师资队伍建设，并结合"互联网＋"新形势需要，提升专业群建设信息化水平。因而，切实发挥机械制造专业的品牌优势，引入行业的支撑，推进机械加工专业实训基地能级提升，这是当前天目湖中等专业学校实现现代化发展的必然选择。

二、主要目标

（一）在校企合作中充分发挥地方政府的桥梁和纽带作用

企业一般不态愿意和学校合作，学校要大力宣传校企合作的重要性，引起政府关注，促进政府制定和实施相关政策法规，支持引导校企合作发展，给予财政支持和制度保障。一方面，政府在校企合作中充分发挥主导作用，给予合作企业以适当优惠条件，吸引企业主动参与校企合作；另一方面，由政府劳动保障部门、教育、财政、人事等部门牵头，吸收企业人

二、实践篇

力资源专家和职业学校代表组成校企合作领导管理体系，搭建信息平台，为校企合作积极创造条件。此外，政府发挥其组织、资源调控和管理优势，把学校和企业的职业教育资源统筹规划，根据地域经济发展需要，确定培养方向和目标。通过建立"校企合作委员会"等形式组织实施机构，制订培养方案和教学计划，指导校企合作各个环节，协调解决合作中出现的各种问题。

（二）创新县级职业教育实训基地新模式——混合所有制

我校原先专业建设较落后，设施设备欠缺，单位教育实习后勤保障不强，毕业生能力和现代化企业岗位需要的高技能人才相脱节，所以，必须借助外力合作共建专业实训基地，并达到多方共赢的格局。现探索依托政府为主导，学校吸引行业资本合作校外实训基地，构建县级区域职业教育混合所有制实训基地新模式，对于职业学校实训基地建设是一种新的尝试和突破，具有十分有益的借鉴意义。

（三）提升职业学校专业教师企业实践成效

我校通过机械加工混合所有制实训基地建设，一方面，使教师下企业更方便，并在实践的过程中体验了企业工作的艰辛，更重要的是普遍感受到书本知识和实际工作需求存在的差距，熟悉企业相关岗位职责、操作规范、用人标准与管理制度在教学理念上有了更深的认识。这为准确定位人才培养目标和人才需求规格、重构机械专业课程体系、改革课程教学内容和教学方法、创新以工作过程为导向的符合职业能力形成规律中职教育新模式奠定了良好的基础，明确了中职教育教学改革的方，从而实现教师重构课程教学内容能力的新提高。

另一方面，教师到企业不仅是去学习心得技能，更是利用学校积累的教学能力和技术优势帮助企业进行建设和发展。通过教师对企业的技术支持和参与对社会人员、企业员工和政府管理人员的培训，摸索培养教师的新途径。

三、过程与保障

(一) 建设思路与过程

1. 建设思路和方法

根据江苏省溧阳市政府"十三五"规划天目湖工业园的产业发展分布格局,在天目湖人民政府的主导和支持下,依托天目湖工业产业园,溧阳市天目湖中等专业学校与常州市布勒机械有限公司进行合作,在天目湖镇工业产业园区共建"混合所有制实训基地"。以学校的技术力量及机电专业群的品牌效应,吸引社会资本参与学校机械加工实训基地建设,培养在校中职学生的同时,进行各种层次的社会培训,承办各种类别的技能大赛,同时为学校节省培养成本并创造一定的经济效益,为企业创造更高的生产利润,为社会培养更高的机械加工专业技术人才,实现多方合作共赢的格局。

2. 建设内容和过程

通过"混合所有制实训基地"的建设,探索校企合作的新模式,探索教师企业锻炼的新模式,丰富教师企业锻炼的内容。探索实践教学的新模式,进一步优化校企合作培训方式,提升校企合作培训层次,丰富校企合作培训内涵。

按照"混合所有制实训基地"的建设要求,天目湖工业产业园(天目湖镇人民政府)支持提供场地,社会自然人(常州布勒机械有限公司)独立投资,建立厂房和购买机械加工实训设备,学校提供技术和师资,以学校为主联合企业对实训基地进行设计、规划和建造。学校将课堂建到企业车间,在实习教学方案设计与实施、指导教师配备、协同管理等方面与企业密切合作,推进实践教学改革,确保实践教学质量,建立校企之间"责任共担、人才共育、过程共管、成果共享"的合作机制。另外,学校作为常州布勒机械有限公司的机加工外协单位之一,长年承接一些低精度、多品种、少批量的零件来校独立完成加工。

（二）建设资金和保障

1. 政校企合作，共建基地生产教学组织机构

在溧阳市天目湖镇政府的主导下，进行"机械加工混合所有制实训基地"的建设。成立天目湖工业产业园政校企合作工作委员会、专业建设委员会和工学结合、顶岗实习工作委员会。政校企合作工作委员会（决策层）由溧阳市天目湖镇党委书记任主任，天目湖镇镇长和溧阳市天目湖中等专业学校校长任副主任，天目湖产业园区企业领导为成员组成校企合作领导小组。政校企合作专业建设委员会（建设层）由学校校长任主任，副校长和天目湖产业园区企业领导任副主任，学校办公室、教务处、学生处、专业部主任及产业园区企业专业技术人员为成员。政校企合作工学结合、顶岗实习工作委员会由学校校长任主任，副校长担任副主任，主要成员由学校学生处管理人员、专业部分管顶岗实习的副主任、专业骨干教师、产业园区企业主管人事的人员、顶岗实习指导教师和班主任等组成。

2. 引进社会资本，确保基地硬件设备和资金保障

教学场地：根据天目湖镇人民政府和学校的协议，"机械加工混合所有制实训基地"设立在天目湖工业产业园区，由企业出资2000万元新建办公综合楼、实训车间及教学和生活配套设施。

设备提供："机械加工混合所有制实训基地"教学、培训和生产所需的相关设备，由常州布勒机械有限公司出资1000万元购置，学校负责整体规划设计、构建建设方案和具体设备安装调试的实施。生产教学和培训过程中所需要的师资全部由学校派出，学校提供当年机加工毕业生参与企业顶岗实习生产。

资金保障："机械加工混合所有制实训基地"在组织教学和培训过程中，企业负责基地运营的各类资金保障，占实训基地80%股份。并保证管理教师、教学教师和培训教师的工作津贴及参与生产实习学生的生活补贴。

3. 学校技术和人力资源入股，保障基地专业教学和企业正常生产

学校以技术和人力资源入股，占实训基地20%股份，提供师资和技术

支撑，以历届机加工毕业生参加顶岗实习，负责"机械加工混合所有制实训基地"的规划和建设、培训方案的制定、学生实习及培训工作的正常开展，学校承担提高培训质量和企业正常生产的义务。

四、主要成效

（一）以混合所有制实训基地为突破口，创新产教融合新机制

学校与常州市布勒机械有限公司建立"机械加工混合所有制实训基地"，依据股份合作协议，双方协同建立了管理机构，形成了全新的管理运行体系，在责权利对等的情况下，激发了学校的办学活力，提高了学生的毕业层次；降低了企业的运行成本，增强了企业的科研能力；从而构建了长效合作机制，双方合作的实效性得以充分体现。同时，学校充分利用行业企业物质资源和智力资源，增加了办学基础设施，也增强了集团的软实力，拓展了办学空间。实践证明，学校开启"机械加工混合所有制实训基地"办学的探索是正确的，行之有效的。

（二）以高技能人才培养为着力点，实现精准扶贫

（1）补助扶贫：针对中等职业学校学生群体特点，政府和学校免收所有学生培养费；对家庭特别困难学生通过申请学校审批后发放特困学生生活补助金1000元每学期；"机械混合所有制实基地"合作委员会建立了奖学基金，每学年学校评出一、二、三等奖学金获得者，"基地"给予1500元、1000元、500元的奖励；确保所有学生读得起书。

（2）技能扶贫：学生高一年级纯教育性实习，达初级工水平；高二教育实习与校内生产实习相结合，达中级工水平，并可获得一定的报酬；并且学生在校内可以申报两个及两个以上工种的考核，通过者可获得多张职业资格证书。高三参加"基地"的"一对一"生产实训，实现精准现代学徒制，并获得一定的生活费；同时，根据学生自愿报名组班，和常州技师学院联合对报名学生进行高级工理论和操作培训，进行考核，通过学生可以获得高级工职业资格证书。合作两年来，有45位毕业生通过培训考核获车工、数控车等工种高级工职业资格证书；为学生以后就业和创业奠定了

坚实的基础。

（3）学历扶贫：部分同学参加江苏省对口单招考试通过后进行本专科深造外，还可以专科注册入学；并且学校和常州机电职业技术学院联办，学生参加成人高考通过后函授课程在校内培训考核，都能通过获得专科毕业证书，所以就读我校95%以上的同学多能获得专科毕业证书。在中职的基础上拓展知识和能力，为学生以后就业和创业创造了更优越的条件。

（4）就业扶贫：历届学生就业时学校认真调研，认真考查用人单位性质、效益、待遇、环境、住宿、管理等，帮学生把好就业第一关；确保学生对口顶岗实习和就业。而且近年来学生就业的稳定率逐年有提高，有部分同学走上了管理岗位。

（5）创业扶贫：通过校内机械加工生产实习，提高了学生分析问题解决问题的能力，提高了学生的创业意识和创业能力。学校鼓励毕业生积极创业，只要学生通过学校的创业培训，通过创业申请领了营业执照，学校和当地人社局补贴其3000元创业基金；同时"机械混合所有制实基地"合作委员会也建立了创业基金，对于我校机械专业毕业生自行创业的可以按"基地"的有关规定给予相应的支持补助；两年来几个毕业生领取了执照并聘请几个工人办起了个体机械加工企业，成为常州市布勒机械有限公司外协产品加工单位。

（三）以夯实校企合作平台为切入点，开辟企业实践新途径

在建立"机械加工混合所有制实训基地"的模式下，教师下企业锻炼一方面去学习，另一方面是带着技术去企业指导。部分教师和企业专业技术人员一同为"机械加工混合所有制实训基地"进行整体设计建设规划，对各实训场所的实训场地、实训设备进行设计，对实训设备进行安装、调试。我校专业教师和企业工程师共同对"机械加工混合所有制实训基地" 8台普通C6140型车床进行数控化改造；对一种木屑切片机的送料机进行改造；对一种玉米脱立机进行创新设计改造等，大大提高了设备的加工效率，从而提高了设备的生产和销售数量。近二年来，部分教师通过在"机械混合所有制实训基地"的交流合作，完成了多个创新制作项目，其中获

常州市一等奖3个，二等奖6个，江苏省二等将3个，三等奖3个；通过教师独自创新发明申请实用新型专利5个。同时通过教师与行业的交流将机械加工专业最前沿的新技术、新思维带给企业的员工，最终将这些行业经验、新技术的推广情况带到学校的教育教学中，达到共同进步、共同提高的目的。为学校专业发展和"混合所有制实训基地"稳定运作打下了坚实的基础。

（四）以强化社会服务功能为出发点，打造行业标准新品牌

1. 组织竞赛，树立口碑

"机械加工混合所有制实训基地"在完成学生技能训练和企业生产的同时，主动承办地方教育部门和行业组织的各级各类竞赛，先后高质量地完成了教育部门历年组织的师生车工、数控、电焊等项目的竞赛，人社局组织的行业间的农业机械维修技能大比武等，我校历次技能竞赛组织工作受到行业和各级部门的共同认可。基地的作用在学生专业技能中日益彰显，由于师资充足、基地设备完善、训练方法科学，学生的综合实践能力不断提高，师生的农业机械维修项目在各级各类比赛中不断取得好成绩，近几年共获省级以上金牌6枚、银牌12枚，铜牌多枚。学校办学成效明显，并逐年有所提高，深受社会的好评。

2. 培训考证，服务行业

学校积极承担基地的社会责任，先后多次为农村劳动力转移、龙潭部队退伍军人转业技能培训达300多人次；溧阳大恒集团、溧阳二十八所系统、江苏华鹏集团、正昌集团等单位进行机械制图、安全规范培训达400多人次，协同当地人社局为多家企业员工进行车工、数控车、电焊工中、高级工理论和操作培训考证达300多人次。培训鉴定严格规范，受到地方企业和主管部门的好评。

3. 服务社会，确立品牌

学校基地部分师生还做好企业农机整机出售后的调试、售后维修等工作，包括地方周边种田大户、农业合作社各种农业机械的维修，且服务周到，上门服务，受到社会的好评。溧阳机械制造行业其中农机制造占到相当份额,溧阳农机制造有两大系列,分别是"布勒系列"和"正昌系列",近几年由于常州布勒机械有限公司和我校建立"机械加工混合所有制实训基地",管理科学、制度完善、工人素质高、效益高、工人待遇高。"布勒系列"农机在国内外的市场占有率远远超过"正昌系列",而且逐年提高,是社会公认的农机好品牌。

五、体会与思考

(一)"混合所有制实训基地"运行的特色与创新

1. 依托混合所有形式合作,建立新型校企关系

依托混合形式合作,校企双方相互依存,形成抱团式发展格局,关系更为紧密,从根本上实现了一体化发展,由单纯的劳动力资源供求关系发展成为多层次、全方位的合作伙伴关系,成为"你中有我,我中有你"的利益互惠、资源共享的紧密联合体,构建了新型的、深层次的校企合作关系。

2. 企业出资入股,学校实现办学经费多元化

学校与常州布勒机械有限公司依托生产性实训基地,以混合所有形式合作,常州布勒机械有限公司公司投入3000余万元,解决了学校上升空间扩大中单纯依靠政府投入而导致办学经费来源单一以及缺少资金的问题,实现了学校办学经费来源多元化。

3. 双主体办学,建构多元办学体制

学校与常州布勒机械有限公司采用混合形式合作,发展格局不单局限在"学校为主",或是"企业为主",而是在"校企联合渗透"上实现了大胆创新、大胆突破,最终形成校企双主体办学。企业投入积极性大为增加,全身心与学校展开人才培养方案修订、课程体系构建、师资培训、学生按照生产性实训基地要求提升技能等方面的工作,大大提升了学校内部系统活力,建构了多元化办学体制。

(二)"混合所有制实训基地"运行过程中的问题与对策

校企有机结合是双方合作教育成功的有效途径和保障,"机械加工混

合所有制实训基地"运行过程中由于双方逐利观念、文化和制度差异，时间、设备、人员上的冲突，教学质量和产品质量的矛盾等原因，导致校企合作人才培养模式在实施过程中出现了一些问题。个人认为，要解决这些问题，可从以下三方面入手。

1. 加强学校和企业之间的沟通

学校教学要适应现代企业技术的发展，配合企业适时调整教学内容、教学进度、教学方法等，积极主动为企业创造效益；企业在生产过程中，给学生提供参与生产的机会，让学生在真实的生产过程中，学习专业知识和技能，同时为企业人才储备打下坚实基础。

2. 建立校企合作的长效机制

学校在教学过程中，加强企业文化素养，引入企业管理理念、推行人文教育和养成教育，从而进一步支持和鼓励校企合作，加快职业教育人才培养模式的根本性转变。除此之外，注重合作的可持续发展，建立长期稳定的合作关系，克服短期行为，实现校企双赢。

3. 实现四个对接

专业培养目标与岗位需求对接、课程体系建设与岗位能力要求对接、专业课程内容与行业技术发展对接，课程标准和行业标准对接。由学校骨干教师和企业专家共同成立专业建设指导委员会，直接参与专业建设、课程建设和师资队伍建设。

（三）"混合所有制实训基地"的发展愿景

在"混合所有制实训基地"的实施过程中，我们发现在这一模式下还可以做更多的探索。

教师分批下"基地"实践锻炼，一般为期6个月，做到提高专业实践技能、企业管理经验，又不影响理论教学。一定时间后使所有专业教师都有下"基地"实践锻炼的经历，提高整体专业教师的水平。

在现有基础上提高精准扶贫的力度和广度，能够使就读我校所有机械专业的学生在校期间都能享受到"基地"发放的生活补贴；学生在"基地"顶岗实习过程中对各种设备、各种产品、不同工艺进行轮流、轮岗培

二、实践篇

训,提高学生就业竞争力;能够给机械专业毕业的创业学生提供更多的优惠。

学校和企业的教育性与生产性、教学效果和利益性等方面要进一步深度合作和磨合,实现资源利用最大化和产出效益最大化。

混合所有制视域下烹饪实训基地建设探究与实践

黄 勇

近年来,中央财政、省级财政对职业教育支持力度大大增加,各种实训器材、实训室、实训基地逐年增加,教学实训场地快速拓展,校内实训条件得到了一定的改善。但总体上政府投入的资金不能满足职业教育的需求,中职学校依旧处于艰难的办学处境:一方面是社会认可度低;另一方面是中职办学经费捉襟见肘,缺乏对优秀人才的吸引力,办学水平受到影响。

如何摆脱以上困境?2014年6月《国务院关于加快发展现代职业教育的决定》明确提出"探索发展股份制、混合所有制职业院校",笔者认为创新中职办学机制,发展混合所有制办学模式,是一个较好的解决方案。就中职学校的烹饪实训基地而言,以"混合所有制实训基地"这种创新模式进行日常管理与运营可以引导民间资本的进入,盘活并高效利用公共教育资源,扩大中职教育的影响力。在操作方面可获得弹性管理,有利于中职教育持续发展。面对经济社会发展对高端技能型人才的需求,职业教育承担服务地方经济发展的时代责任,在溧阳市人民政府的主导下,在溧阳市教育局的组织下,溧阳市天目湖中等专业学校与溧阳市餐饮业商会、溧阳市新华厨餐饮有限公司、江苏优鲜到家农业科技有限公司进行合作,在新华厨餐饮有限公司下属的各企业共建烹饪技能型人才培养培训基地。

一、中职院校烹饪专业实训基地建设存在的主要问题

(一)餐饮业参与学校实训基地建设热情不高

校企合作是中等职业教育人才培养的一个重要手段,这一点已经获得

二、实践篇

政府、学校、行业的共识，并受到社会各界的日益重视。然而近年来，尽管政府有关部门也出台了一些导向性的鼓励政策，但实践中总是呈现出"学校积极，企业冷淡"的尴尬局面；尽管学校也开展了建立实习基地、建立专业建设指导委员会、实施订单式培养、实施产学研合作等形式多样的校企互动，但总是轰轰烈烈地签约，实实在在的合作成果出得少，校企双方合作关系显得较为松散，合作的有效机制模式也没有真正形成。可以说由"学校和教育部门推进的合作成效甚微，多数是短期的、靠感情和人脉关系来维系的低层次合作"。分析企业参与热情不高的原因，主要在于企业利益驱动力不足：一方面，中等职业学校现有的产学研科技服务能力、人才培养的实践环节等都差强人意，不能有效地解决企业研发的实际困难并很好地满足企业用人的实际需求；另一方面，企业以盈利为目的，在校企合作中获得的实际利益也并不充分，在唯一能体现企业人力资源库存优势的订单培养合作项目上，企业也要承担培养周期长、实习期安全、学生违约等风险。因此，如何有效调动企业参与中等职业教育的积极性，是摆在中等职业学校面前的重要课题。

（二）模拟性实训基地的教学模式负面影响逐渐显现

在烹饪实训基地的建设模式中，自建方式最为常见。这种方式特点是政府定额资金支持加学校自筹资金，自主管理，场地一般均设在校内。它有利于按教学计划组织学生实习实训，易于依托专业形成教学特色，是实施产教结合较好的建设方式。

多年来，校企合作模式的实训基地由于涉及经济利益而发展层次不一，校内实训基地是多数学校的主要教学平台。受传统教育思想影响，实训基地的管理比较松散，以"教"为主，教师是课堂的主角，实训其实处于模拟状态。这种实训教育方式违背了中职实训的教学初衷，长远来看，实训基地（实训室）管理模式不进行及时改革将直接影响中职发展水平。不仅如此，与社会层面的市场竞争、人才竞争、技术竞争、产品竞争相距甚远，这种传统公有制财产模式管理，缺乏效率，使先进设备闲置、空转、无产出折旧直到报废。

（三）餐饮企业人才需求要求高

目前，随着人们消费观念的改变，餐饮市场竞争的加剧，顾客对服务质量高、就餐环境好、菜品创新快的品牌餐饮企业的认可度越来越高，餐饮企业对懂经营、善创新、能引导消费潮流的经营管理型、策划型、复合型的高素质技能人才的需求也越来越大。

根据调查，餐饮企业厨师可谓既多又少，主要体现在低层次的多，不易找到相应的工作岗位；高层次的少，用人单位很难寻觅适用人才。另外，调研发现，目前餐饮企业员工的流动性很大，企业领导可以信赖和长期任用的人员更少；调查还发现，有些在校时注重提升自己综合素质的毕业生在企业中已经开始担任中层管理领导了。很多餐饮企业也表示迫切需要技能高、综合素质高的人才，充分说明了我校在加强技能教育的前提下同时也要注重素质培养。

为了清楚地了解餐饮企业对人力资源的需求情况，我们对 8 家不同性质的大型餐饮企业进行了详细的调查。调查显示，目前的餐饮企业与过去相比更加综合化、信息化。被调查的企业都有自己的经营理念、企业文化、文化载体（如网站、网页和报刊等）及企业精神等。企业自身的提高直接导致对员工综合素质的要求更高。数据显示，在被调查企业中，对员工学历要求在大专以上的为 67%，中专以上的为 33%。在能力和品德的重视程度上，能力的重视率为 52%，品德的重视率为 83%。在对英语和计算机要求的调查中，要求很高的企业为 16%，要求掌握水平一般的为 50%。

二、混合所有制烹饪实训基地建设意义

贯彻落实《省政府关于加快推进现代职业教育体系建设的实施意见》精神。通过混合所有制建设，引导社会资本参与学校实训基地、创业基地、专业群等重大项目建设，促进各类资源更多地向职业教育汇聚，进一步加快现代职业教育体系建设，深化产教融合、校企合作，培养高素质劳动者和技能型人才。

（一）规范遴选企业，使混合所有制实训基地建设可持续发展

在得到市政府及相关部门的认可下，溧阳市教育局成立"溧阳市职业

二、实践篇

教育混合所有制投入与运行机制探索"领导、工作小组，公开选择有意愿与学校合作的企业，并联合相关部门集中洽谈，初步确定合作单位及合作形式。最终选择"溧阳市新华厨餐饮有限公司"作为混合所有制烹饪实训基地，学校与企业形成初步合作协议书，报上级部门批准后与该企业签订相关协议，并报教育局备案。

依托酒店董事长时任溧阳市餐饮业商会会长，溧阳美食文化研究学会会长平台，瞄准餐饮行业人才需求，建立校企合作下常态化现代学徒制人才培养模式，探索和实践混合所有制下专业发展新思路，建成国内一流餐饮人才培养培训基地。建立项目制课程贯穿全程的教学体系，学生边学边做，在设计实践过程中提升发现、分析、解决问题的能力，使学生由入门新手成长为具有创新精神的设计能手。

（二）校企协同，共育实用人才

国务院关于加快发展现代职业教育的决定提出，"探索发展股份制、混合所有制职业院校，允许以资本、知识、技术、管理等要素参与办学并享有相应权利"。作为一种跨界教育，职业教育一头连着学校，一头连着产业，要办好职教，必须走出封闭的围墙，学校与行业、企业、产业合作，充分调动社会要素。按照"入股自愿，股权平等，利益共享，风险共担"原则，联合共建混合所有制的烹饪实训基地，实现共建、共管、共享。校企共同制定人才培养方案、开发课程和教材、设计实施教学、组织考核评价、开展教学研究、开展横向联合技术研发，通过共同建立教学运行与质量监控体系，加强过程管理，提高人才培养质量。

在实训基地，重构教学理念，突出工学结合，突出学生的主角地位，让实训基地变为头脑风暴室，学生不仅练习技能，还要进行技术创新，真正完成两个转变——学校学生转变为企业员工，"校园人"转变为"企业人"。同时，注重强化社会服务意识，引入外来资源，为同行业企业员工技能提升、考核、竞赛提供方便，扩大专业影响力。最终把实训基地建设成为生产车间、工作室、竞赛场，让学生在校期间就能很好地感受竞争气氛，体会市场真谛。

（三）形成具有区域特色，可复制、可推广的改革经验

溧阳地处长江三角洲南部的苏、浙、皖三省交界处，是宁杭生态经济带上的重要副中心城市和示范区，物产丰富，是著名的"鱼米之乡""丝绸之乡""茶叶之乡"，经济连续多年名列全国百强县（市）。江苏优鲜到家是一家集农业科研、技术推广、农业生产、养殖、销售为一体的科技型实业，在溧阳乃至江苏首屈一指，也是我校现代农业实训基地。我校在校外实训基地建设方面存在很大的困难，依托政府的主导，学校吸引行业和地方资本合作校外实训基地，构建县级区域职业教育"混合所有制烹饪实训基地"新模式，对于职业学校实训基地建设是一种新的尝试和突破，具有十分有益的借鉴意义。

学校如何与酒店、江苏优鲜到家农副产品配送有限公司混合擦出火花，达到三赢目标？首先，新华厨餐饮公司提供多家教学实习场地，除了正常经营所需的设施设备以外，也提供教学和培训等设备；经营、教学、培训过程中的师资由学校派出；而优鲜到家农业科技有限公司负责农副产品配送，确保原料安全、卫生、及时。

三、混合所有制烹饪实训基地建设路径

（一）建设思路

溧阳市"十三五"规划中指出，"大力发展现代职业教育，职业教育需创新发展，支持社会合作办学"。在市政府的支持下，在教育局的组织下，依托溧阳市天目湖中等专业学校、溧阳市餐饮业商会、溧阳市新华厨餐饮有限公司、江苏优鲜到家农业科技有限公司进行合作，在新华厨餐饮有限公司下属的各企业共建"混合所有制烹饪实训基地"。发挥溧阳市天目湖中等专业学校烹饪专业的专业优势，以学校的技术力量和烹饪专业的专业特色，吸引社会资本参与烹饪实训基地建设，培养在校中职学生的同时，进行各种层次的社会培训，承办各种类别的技能大赛，为学生提供创新、创业的场所，为溧阳餐饮业培养技术技能型人才，发展壮大溧阳现代服务业。

（二）建设内容

（1）通过"混合所有制实训基地"的建设，进一步探索以就业为导向、以能力为本位的的教学改革模式。建立完善"项目教学模式下任务驱动"的实践教学体系，强化学生专业实践能力和职业技能培养，将职业岗位所需的关键能力培养融入专业教学体系，增强毕业生就业竞争能力。

（2）通过"混合所有制实训基地"的建设，探索教师企业锻炼的新模式，丰富教师企业锻炼的内容。以教师主动参与、承建经营型实训基地为切入点，以教师承担各种对外培训为抓手，提高教师技术技能水平；促进教学相长，在培养"双师型"教师的基础上，培养更多的技术型教师。

（3）通过"混合所有制实训基地"的建设，进一步优化校企合作培训方式，提升校企合作培训层次，丰富校企合作培训内涵。

按照"混合所有制实训基地"的建设要求，社会自然人独立投资，提供新华厨餐饮有限公司下属的各酒店（设施设备齐全，可直接营业），优鲜到家提供烹饪实训耗材，学校提供技术、学生（员工）和师资，溧阳市餐饮业商会组织宣传推广，以学校为主联合餐饮业商会、企业、江苏优鲜到家农业科技有限公司对溧阳市新华厨餐饮有限公司下属的各酒店烹饪实训基地重新进行设计、规划和部署，制定实践教学计划、大纲、项目、内容和教材，为学生和社会人员专业实训提供真实的岗位训练。学校将课堂建到酒店厨房，在实习教学方案设计与实施、指导教师配备、协同管理等方面与酒店密切合作，推进实践教学改革，确保实践教学质量，建立校企之间"责任共担、人才共育、过程共管、成果共享"的合作机制。

四、混合所有制烹饪实训基地建设条件保障

（一）政府支持，保证校企正常运行

充分发挥政府的主体责任，建立健全管理体系，健全管理督导考核及相关补偿制度，及时兑现相关优惠政策的落实。实现现有资源的最佳有效配置，形成高效、和谐的运行体制机制，满足校企合作各方合理的利益诉求，形成多赢的利益驱动机制，产生良好的经济效益和社会效益，最终形

成政、校、企三方统筹联动，政府主导、校企双主体参与人才培养全过程，全方位、深层次、紧密性、长期性的校企合作格局，培养适应区域经济发展的高素质、高技术技能型人才。

（二）社会资本投入，确保基地正常运行

1. 教学场地

根据溧阳市教育局和学校的协议，"混合所有制实训基地"设立在溧阳市新华厨餐饮有限公司下属的各酒店，该企业现拥有直属企业：新华厨大酒店、天目水城休闲酒店、王新华家乡菜馆、王新华家乡菜食品有限公司、太白楼特色自选餐等，是目前溧阳（天目湖）地区最大的一家民营多元化餐饮集团公司。

2. 设备提供

除酒店正常经营所需设施设备以外，作为"混合所有制实训基地"所需的教学和培训等教育教学设备，由社会自然人（溧阳市新华厨餐饮有限公司董事长）出资购置，学校负责重新规划设计、构建建设方案和具体的教学实施。经营、教学和培训等过程中所需要的师资全部由学校派出，学生教学实习、顶岗实习、就业都可在新华厨进行。

3. 资金保障

"混合所有制实训基地"在组织教学、培训和经营过程中，企业负责基地运营的各类资金保障，占实训基地65%股份，并保证管理教师、教学教师和培训教师的工作津贴。

（三）规范供货渠道，确保安全卫生

各酒店经营中所有的烹饪原料由江苏优鲜到家农副产品配送有限公司负责统一配送，占实训基地20%股份，确保原料安全、卫生、及时；同时该公司也可作为学生学习烹饪原料知识的基地。

（四）商会资源入股，扩大基地资源平台

溧阳市餐饮业商会利用其在行业中的背景资源入股，占实训基地5%股份，积极争取政府政策支持，充分利用行业的影响力，保障学生和培训学员的就业。同时将该企业作为烹饪技能大赛的承办单位，大力宣传推广，提高知名度及营业额。

（五）学校技术入股，保障基地专业教学

学校以技术入股，占实训基地10%股份，提供师资和技术支撑，负责"混合所有制实训基地"的规划和建设、培训方案的制订、学生实习及培训工作的正常开展，学校承担提高培训质量的义务。

五、混合所有制烹饪实训基地建设现实的成效

（一）基于专业特点，形成特色菜系，发展健康经济

2017年年初，溧阳市在已出台"向先进制造出发"三年行动计划的基础上，相继制订出台了"向休闲经济拓展""向健康经济创新""向智慧经济聚合"三年行动计划，引导发展"制造、休闲、健康、智慧"四大经济的政策体系初步成型；同时依托"世界长寿之乡"的品牌优势，把发展健康经济作为促进经济转型升级、培育经济新增长点的重要抓手，重点发展医、康、养、游融合新兴业态，开展全国健康特色小镇建设，积极创建国家康养旅游示范基地。通过"混合所有制实训基地"的建设，校企共同研发了"溧阳市中小学生营养菜系""健康养老菜系""特殊人群菜系""天目湖特色菜"，并装订成册，其中江苏优鲜到家农业科技有限公司在烹饪原料方面提供了方便。

（二）以高技能人才培养为着力点，进行省级课题"基于现代学徒制理念下酒店服务与管理实训基地课程体系建设的实践研究"的研究

在我国，现代学徒制是基于培养具有必要理论知识和较强实践技能的高素质、技能型专门人才，职业学校与用人单位在政府的引导下，在实践环节采用"师傅带徒弟"的形式培养人才。我校以课题引领，不断探索以混合所有制为切入点，创新现代学徒制人才培养模式。构建了人才培养体系，以"行业参与、校企双主体育人、标准化框架培养、能力本位多元评价"为主要内涵元素，以"混合所有制"作为平衡企业利益的机制保障，打造具有溧阳工匠精神的中高端人才培养机制。目前，我们正积极参与江苏省现代学徒制中餐烹饪专业的实施，试点单位是溧阳市新华厨大酒店有

限公司，力争通过该项目的实施进一步归纳现代学徒制实施的方法、总结经验，真正实施精准学徒制。

（三）培训一人，致富一户，烹饪技能助力精准扶贫就业培训

2016年6月21日，由溧阳市天目湖中专承办的精准扶贫中式烹调培训项目在"混合所有制实训基地"进行，23名来自各乡镇的学员，圆满完成了为期20天的培训工作，并于当天中午顺利通过中式烹调师的技能鉴定考试，获得初级中式烹饪职业资格证书。

天目湖中专结合实际和职业资格技能要求，详细制订了培训计划，确定了涉及职业道德基本知识、安全生产知识、饮食卫生知识、饮食营养知识、烹调原料切配、菜肴制作等七个模块的培训内容，选派烹饪教学团队骨干教师进行集中授课，任课教师放弃节假日，克服困难、兢兢业业，保证了本次培训的教学秩序和质量。

在此次培训过程中，实训室除正常上课外，业余时间也为学员开放，以便学员进行操作和训练，学员参与热情很高。学员通过学习不仅获得烹饪职业资格证书，还增强了他们的就业能力和创业激情。除了新华厨餐饮有限公司，天目湖中专也联系了其他酒店及度假村在结业之际提供招聘信息和用工需求，真正做到精准扶贫，达到了通过技能扶贫一个人，带动一个家庭，就业一人、致富一户的效果。

（四）退伍军人入学烹饪，抓住机遇再出发

每年11月底，大批的退伍军人离开部队，踏上归乡的列车，就如同每年高校的6月一样，大批的毕业学子离开校园。在一幕幕感动人心的离别上演面前，他们也共同面临一个不得不谈的话题——就业。目前对退伍军人已经少有"安置工作"一说了，大部分给予相应的安置费用，安排到本市职业学校短期学习专业技能，倡导军人自主就业。

每年天目湖中专都会接到上级部门安排过来学习烹饪技能的退伍士兵，烹饪教师根据他们的实际情况制订计划，细心指导，加强烹饪基本功训练，他们学习相当认真，接受快。另外，通过"混合所有制实训基地"培训，学员积极性高，让他们尽早地进入工作状态，学得过硬的技术与创新能力。

（五）创建真实工作场景的实训基地

2016年12月经溧阳市政府和教育局审批，学校与企业共同成立了溧阳市首家以现代学徒制人才培养模式为试点，学生入学即入岗的"混合所有制实训基地"，实现了校内实习、校外实训，基地一体化建设要求。

依托实训基地，在"混合所有制"基础上开展"现代学徒制"人才培养，"利益共享、风险共担"使企业建立合理的投资与回报的平衡机制，撬动企业参与"现代学徒制"人才培养的积极性和主体责任感。

（六）建构能力本位、理实融合的课程体系

重构课程体系与教学内容。行业、企业、学校根据国家职业标准结合企业岗位标准与职业能力要求，围绕人才培养目标，形成体现综合性的"典型工作任务模块"，构建与职业标准和岗位需求相对接的"公共课程、核心课程、模块化教学"标准框架课程体系。

创新教学管理制度。工学结合的人才培养方案对学生"工"与"学"的占时比例进行了调整，学校采用"1.5＋0.5＋1"的培养模式，学生在企业实习实训的时间不少于1/2。对教学内容进行了优化，对教学方法进行了改革，从而推动对教学管理制度的创新。

（七）教师双重身份，开辟企业实践新途径

在"混合所有制实训基地"的模式下，教师在企业锻炼不再是单一地去学习，很多教师是带着技术去指导企业。教师为"混合所有制实训基地"进行整体设计规划，对各实训场所的实训场地、实训设备重新进行设计。同时通过教师与企业的交流将烹饪专业最前沿的技术、新思维带给企业的员工，同时将这些行业经验、新技术的推广情况带到学校的教育教学中，达到共同进步、共同提高的目的。在"混合所有制实训基地"的模式下，教师企业实践不再存在盲目性和形式主义，而是根据自身专业特长和发展需求，与企业共同制定发展目标，在指导企业技术的同时对自身的长期发展进行规划，这是培养教师极其有效的方法。历年来学校烹饪专业教师轮流参与了企业锻炼，培养了多名技能过硬、创新意识强的专业教师。

为学校专业发展和"混合所有制实训基地"稳定运作打下了坚实的基础。

(八)优质技能型人才增多,企业营业额提高

通过"混合所有制实训基地"建设,我校 2016 年中餐烹饪专业的实习生,在新华厨餐饮有限公司各实习酒店的实习期间表现出了优秀的服务品质和过硬的专业水平以及良好的个人素质,赢得了实习单位领导和客人的一致好评。同时对专业教师的教学方法表示了赞赏,对我校学生的专业水平充满信心,另外本季度的营业额比上季度增长了 5%,公司希望他们都能留下来成为他们的正式员工,并想尽快与学校签订协议,提前"预订"烹饪专业实习生。此外,溧阳及周边星级宾馆更是慕名而来,洽谈与天目湖中专烹饪实习生合作事宜。

六、促进混合所有制烹饪实训基地建设的思考

(一)"混合所有制实训基地"建设是构建校企合作制度机制的黏合剂

实践证明,校企合作是职业学校办学走向成功的基本经验之一。著名职业教育专家、美国芝加哥大学福斯特(Philip J. Foster)教授曾指出:"职业学校固有的且又自身难以克服的缺陷,决定了学校本位的职业教育最终难以避免失败的命运。"我国职业教育还不能完全适应经济社会发展的水平和需要,一个主要原因就是校企合作不够广泛和深入,而校企合作不足的一个重要原因,就是企业作为办学主体的缺位。企业不在学校的治理主体之列,既缺乏校企合作的积极性,也很难深化校企合作。近年来,我国力推职业教育集团化办学和现代学徒制,主要目的之一是加强校企合作,整合共享资源,提高人才培养质量。

通过发展"混合所有制实训基地",有利于密切职业学校与行业、企业的联系,形成利益共同体,充分利用企业的设备、技术、实训条件,按用人单位提出的用人标准设计教学计划、教学大纲,按行业规范、工作职责培养人才,推进职业教育培养目标、专业设置、课程内容、教学过程与产业升级、行业标准、企业需求相对接,从而提高人才培养质量,促进学生就业。

二、实践篇

（二）诚信合作，认真执行协议条款

职业学校是以培养高技能、高素质学生为目的、最终服务地方经济，而社会资本投入实训基地建设的目的在服务社会之外肯定也有利益的驱动。学校擅长的是教育教学，但最不擅长经营，而企业擅长经营，更在乎利益的最大化。企业运作资本的逐利性、企业经营亏损的可能性、学校组织教学和培训的时效性，企业和学校最终的目标之间，势必存在互相顾虑和猜忌，所以在"混合所有制实训基地"模式下如何让企业、学校能长期、公平合作就需要以诚信合作为基础，在双方合作的合同中要有协议条款保证双方合作的可能性。如企业经营年报要公开、利益分成到位等问题要预先考虑并制定相关的合作条款，以达到共赢的目的。

（三）加强"混合所有制实训基地"建设，为"一带一路"储备人才

在省、市领导的关切指导下，在行业、企业的支持配合下，学校始终坚持以培养高素质、高技能人才和服务区域经济建设与社会发展为使命，探索"学教做合一"人才培养模式，不断丰富"校企合作、工学结合"办学机制。此次与溧阳市新华厨餐饮有限公司、江苏优鲜到家农业科技有限公司进行合作，旨在深化产教融合，共同探索"混合所有制实训基地"办学新模式，共同服务"一带一路"国家战略，共同开展精准扶贫、菜谱编制、课题研究，并面向社会做好人才培养与培训。

"混合所有制烹饪实训基地"建设在全省职业学校中走在了前列。"天目湖中专"将以此为契机，积极探索创新校企联合培养技能人才的新思路、新模式，依托地方企业实现职业教育输出，为企业"一带一路"战略提供智力支持和人才保障。相信通过密切合作，必将在国家职业教育改革、在推进中职"走出去"发展战略中发挥示范引领作用。

教育要适应社会经济、政治、文化、科技发展的水平和需要，这是教育基本规律的要求。我国职业教育作为与经济活动联系最为密切的教育类型，其"混合所有制实训基地"建设既是经济体制改革在教育领域的反映，也是职业教育适应经济发展需要的一个重要方面。在当前社会条件下，我校发展"混合所有制实训基地"是一项新的、领先的、对传统教育

理念和办学体制触动较大的课题，既需要观念的转变，又需要法律法规和政策的大量调整，必然面临许多困难，我们已有充分的思想准备面对挑战。

参考文献

[1] 国务院. 国务院关于加快发展现代职业教育的决定［Z］. 2014 - 05 - 02.

[2] 阙明坤，潘奇. 发展混合所有制职业院校初探［J］. 职业技术教育，2015（4）.

[3] 刘家枢. 混合所有制——高职院校校产深度融合的路径与模式思考［J］. 职教论坛，2015（4）.

[4] 王寿斌，刘慧平. 混合所有制：高职改革"市场化"探索［J］. 教育与职业，2015（4）.

[5] 宋书彬，方红. 高职混合所有制实训基地运营模式研究［J］. 职教论坛，2015（6）.

混合所有制实训基地利益分配的实践与思考

——以溧阳市天目湖中等专业学校电梯专业混合所有制实训基地为例

高福明

溧阳是全国闻名的"电梯安装之乡",在电梯行业内拥有巨大行业优势和行业资源。溧阳市天目湖中等专业学校根据大量的调研,确定走特色发展的道路,从2008年开设机电设备安装与维修专业以来,践行产教深度融合的办学模式,实行校企深度合作的人才培养模式,在将专业打造为江苏省职业学校示范专业、江苏省职业学校特色专业的基础上,又成功通过江苏省首批现代化专业群验收。学校在专业建设过程中不断探索实训基地的建设模式与途径,学校在机电设备安装与维修(电梯)实训基地被评为江苏省高水平示范性实训基地、江苏省现代化实训基地的基础上,通过政府的引导,联合行业企业积极探索混合所有制实训基地的建设,已取得明显的成效。

一、混合所有制实训基地利益分配不当的弊端

混合所有制实训基地是指不同产权主体在实训基地内进行多元投资、互相融合而形成的责任共担、利益共享的实训基地建设新模式。混合所有制电梯实训基地中涉及政府、行业、学校、企业等多个责任主体,其中学校和企业是主要责任主体。在混合所有制电梯实训基地的建设中,虽然学校与企业的出发点都是培养高素质技能型人才,但是它们的最终目的却并不一致,企业最终追求的是利益,学校追求的社会责任和社会效益。

在进行混合所有制实训基地的探索中,如果利益分配不恰当极易形成以下弊病。

1. "分不均衡、合不长久"

由于在混合所有制实训基地中企业是资金投入的主要来源，完全由企业主导实训基地的运行，则学校沦落为教学资源的提供者，完全丧失主体地位和作用，使学校和学生变相沦为企业的廉价劳动力。企业主导利益分配，造成"校冷企热"的现象，实训基地服务社会的功能丧失，学校必然会与企业分道扬镳、合不长久。

2. "利不达愿、共不长欢"

学校完全从自身责任和功能出发，只考虑学校的社会责任和育人功能，在完全满足学生发展和学校自身发展的情况下，将实训基地做成公益事业，势必造成企业投资的回报率极小，使企业参与实训基地建设获得的利益变成"较大的社会效应+较小的资金回报"，与企业设定的"回收投资、适当盈利"的目标相背离。这必将使企业的参与热情大大降低，在实训基地的运行中形成"校热企冷"的局面。

二、混合所有制实训基地利益分配的实践

学校电梯专业的混合所有制实训基地是在政府的引导下，由政府提供土地、行业提供资源、企业提供资金、学校以知识产权（学校品牌效应和师资力量）入股的形式构成的，在企业的监督下由学校保障基地日常运行，依据合同各方承担各自的义务，分享基地的利益（见图1）。

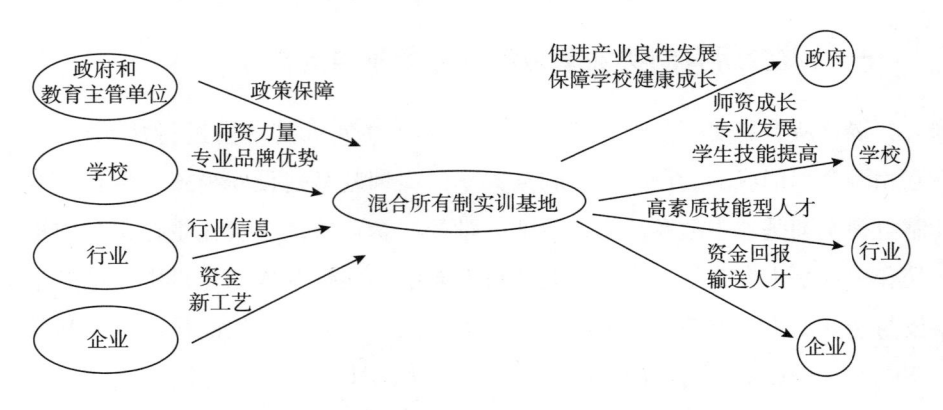

图1 混合所有制实训基地投入与利益情况

二、实践篇

（一）利益分配的原则

1. 兼顾各方的原则

在市场经济的作用下，企业资金（非公有制资本）的逐利性并没有改变，利益分配方式将直接影响企业参与混合所有制实训基地建设的积极性，因此必须保证企业的应得利益。同时，学校作为混合所有制基地的主要参与者，必须满足学生发展的需求、专业发展的各种需求和社会服务功能。最后，必须保证混合所有制实训基地中的国有资产不流失。

2. 依法分配的原则

在混合所有制实训基地建设之前，在政府的引导下，根据各方的投入形式和所占比重，约定利益分配比例，分配方式结合"按生产要素分配"和"按劳分配"两种方式进行，建立企业进入与退出机制，形成正式的合同文本，细化各方的权利和义务，做到依法办事、有章可循。

（二）利益分配的依据

制定混合所有制实训基地利益分配方式时，必须权衡各方的权益。在合同条款中明确参与各方在实训基地中的"责""权""利"，以此作为实训基地利益分配的依据。如图1所示。

1. 政府和学校主管部门

政府和学校主管部门的权利和义务：政府负责监督实训基地各参与方的行为，监督实训基地运行状况，负责对国有资产定期审查。教育局作为学校的行政主管部门负责监督学校教育教学的开展情况。

政府和学校主管部门的利益：促进地方产业的良性发展，增加就业率，对地方产业工人进行技术升级。营造良好的职业教育生存环境，促使职业教育高速发展。

2. 学校

学校的权利和义务：拥有实训基地使用权、实训基地管理权，负责规划实训基地的发展，负责实训基地日常管理和运作，对实训基地的资产进行管理。根据市场需求和人才培养需要及时调整实训基地的布局和规模，制订人才培养方案。不断探索教学模式，践行现代学徒制，为行业企业培养更多的高素质技能型人才。

学校的利益：通过混合所有制实训基地的建设，促进专业健康发展、不断加强教师队伍建设、提高学生技能水平，探索现代学徒制的教学模式。

3. 企业

企业的权利和义务：监督实训基地运作，定期检查实训基地财务情况，拥有毕业生的优先使用权，获得当地政府的政策倾斜。负责对实训基地进行资金或设备的投入，根据技术发展情况更新技术装备，参与实训基地规划、参与人才培养方案的制订、参与现代学徒制试点工作。

企业的收益：通过实训基地开展的社会培训和对企业员工的岗位培训，直接获得资金回报。拥有毕业生优先挑选、使用权，获得企业发展所需要的技术技能型人才。通过参与混合所有制实训基地的建设、运行，进行企业宣传获得企业广告效益。通过参与学校现代学徒制试点工作，获得政府给予的政策倾斜。

4. 行业

行业的权利和义务：行业作为第三方负责对实训基地的培训工作进行监督，负责对学生和培训学员的技能水平进行考核。行业通过自身优势，根据学生和培训学员的综合表现，推荐就业单位。负责引进先进的生产工艺和国际标准，推动学校教学模式改革。

行业的收益：利用对学生和培训学员的技能水平、综合专业素养考核，为行业、企业把好入职员工质量关，促进行业专业技术人员专业素养的提高，营造行业良性发展的氛围，间接规范行业从业人员的职业行为。

（三）利益分配的方式

政府作为混合所有制实训基地的引导者，不直接参与实训基地利益的分配，只在分配过程中起到督促与监管的作用。学校以专业品牌入股，在实训基地建设过程中不投入资金，享有实训基地的使用权和管理权，并占有实训基地20%的股份，在实训基地的盈利中分红。企业作为实训基地的

二、实践篇

投资方，占有实训基地70%的股份，在实训基地的盈利中分红并享有毕业生优先使用权。行业在实训基地的运行过程中起到引进资源、对学生和培训学员的技能水平考核的作用，占有实训基地10%的股份，如图2所示。

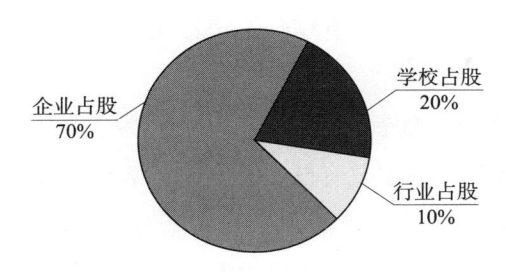

图2　混合所有制电梯实训基地三方占股比例

在混合所有制实训基地的利益分配中，除了现金分配之外，各方还将获得以下收益：政府可以促进地方产业的转型、升级，促进地方特色经济的发展，打下可持续发展的基础；企业将获得良好的社会美誉度，通过冠名等方式带来明显的广告效应；学校通过混合所有制实训基地的管理、运行，有效提高建设资金的利用率，使学生发展有目标、教师发展有动力、专业发展有方向、学校发展可持续。

三、思考与展望

1. 尝试实施职业经理人制度

为实现混合所有制实训基地更有效的运行和管理，可以参照现代企业的管理模式和管理制度，尝试实行职业经理人的制度，实现用人机制的突破，完善市场化的激励机制。在法律制度的监督下，职业经理人通过管理团队的管理和经营，实现实训基地的健康运行、良性发展。

2. 完善合作企业的进入与退出机制

职业学校的第一任务是教育学生、培养学生的专业技能和专业素养，为地方经济的发展服务。资本运作的最终目的是利益回报。企业参与实训基地建设的最终目的是为自己培养高技能的员工，企业服务社会的主要方式是提供丰富的产品。影响企业发展方向、效益的因素很多，在市场经济条件下，无论政府、行业，还是学校都无权要求企业始终参与混合所有制实训基地的建设和运行，更无法阻止资本运作。因此，如何在市场经济条件下，建立成熟的混合所有制实训基地资本进入与退出机制，既保证实训基地的健康、持续发展，又能充分调动企业、社会资本的流通，使资本的自由进入和合理退出合法化、有序化、正常化，是我们进一步探索和研究的方向。

3. 加强国有资产的监管

混合所有制实训基地中政府投入的土地、学校投入的资金和设备均是国有资产，对国有资产的监管必须做到实施有效，以杜绝国有资产的流失。在实行合作企业的进入与退出机制时，每一次资本的流入或资产左右人变更时，应对国有资产进行评估、登记和公开公布，并在实训基地运行过程中进行有效监管。如何建立一套成熟、高效、便于实施的监管机制，以确保国有资产不流失，是我们在混合所有制实训基地在今后进一步发展中必须思考的问题。

参考文献

[1] 国务院关于加快发展现代职业教育的决定［N］. 中国教育报，2014 – 06 – 23.

[2] 阙明坤. 职业院校探索混合所有制的有效形式［N］. 中国教育报，2015 – 03 – 26.

[3] 杨公安，宁锐. 混合所有制——大力发展现代职业教育的有效选择［J］. 中国职业技术教育，2014（4）.

[4] 高文杰. 混合所有制职业院校的内涵与意义及其治理分析［J］. 职教论坛，2015（30）.

[5] 刘丽娜，李艳华，吕智飞. 激发职业教育办学活力的正确选择——探索发展混合所有制职业院校的话题［J］. 职业技术，2014（12）.

[6] 王寿斌，刘慧平. 混合所有制：高职改革"市场化"探索［J］. 教育与职业，2015（4）.

[7] 刘洪一. 混合所有制，职业院校如何尝试［N］. 光明日报，2015 – 08 – 11.

[8] 李维安. 深化国企改革与发展混合所有制［J］. 南开管理评论，2014（3）.

新思路，大作为

——酒店服务与管理实训基地混合所有制建设的探索

任 俊

2016年1月11日，时任国务院副总理汪洋在京主持召开国务院旅游工作部际联席会议第三次全体会议时强调，要深入贯彻十八届五中全会和中央经济工作会议精神，适应和引领经济发展新常态，加快转变旅游发展方式，着力推进旅游供给侧改革，发挥市场在资源配置中的决定性作用和更好发挥政府作用，促进旅游业持续快速健康发展，为国民经济稳增长、调结构提供持久动力。[1]

汪洋指出，当前，我国居民消费步入快速转型升级的重要阶段，旅游业正迎来黄金发展期；同时旅游业也处于矛盾凸显期，旅游产品供给跟不上消费升级的需求，政府管理和服务水平跟不上旅游业快速发展的形势。要落实好国家支持旅游业改革与发展的一系列政策，加快旅游基础设施和公共服务能力建设，大力发展乡村旅游，充分挖掘旅游消费和投资潜力。[2] 在市场需求及酒店与管理人才紧缺的背景下，溧阳市天目湖中等专业学校与江苏天目湖宾馆有限公司及溧阳市餐饮协会合作，在天目湖旅游区建设酒店服务与管理紧缺人才培训实训基地。一方面带动农村富余劳动力转移，深入实施旅游精准扶贫；另一方面也解决溧阳市酒店服务与管理人员紧缺的难题，为溧阳旅游业品质的提升与发展做出相应的贡献。

---

[1] 2016年1月11日汪洋；国务院旅游工作部际联席会议《大力促进旅游供给侧改革 推动我国旅游业发展迈上新台阶》。

[2] 2016年1月11日汪洋；国务院旅游工作部际联席会议《大力促进旅游供给侧改革 推动我国旅游业发展迈上新台阶》。

一、溧阳经济对旅游专业人才的新要求

（一）旅游经济是溧阳经济的重要组成部分

2015年，溧阳市接待游客1500万人次，实现旅游总收入152亿元，比2014年分别增长9.5%和10.5%，旅游增加值占全市GDP总量的9.5%，高出全国一倍以上❶。2016年全市旅游接待人次1600万，实现旅游总收入170亿元，分别增长8%和9.7%❷。旅游经济占全市GDP总量的比例为21.2%，旅游经济为全市的经济高增长率发展做出了重要的贡献。溧阳市委市政府已经将"休闲经济"作为近期溧阳四大经济之一进行布局，溧阳的旅游产业正蓬勃、健康发展，酒店业是旅游业不可分割的一部分，而且酒店业中的食、住也是旅游五要素中两个非常重要的因素。随着旅游及酒店的发展及人们物质生活水平的提高，人们对旅游业及酒店业要求越来越高，硬件设施可以通过专业人员设计及资金的投入能够达成，对于服务及管理人才则需要很长一段时间的培养及沉淀才能突出企业的文化。这就要求酒店服务业要有较多且素质较高的服务与管理人才，为溧阳旅游经济的发展做贡献。

（二）溧阳旅游经济对酒店服务与管理专业人才提出了新要求

2016年溧阳市旅游工作紧紧围绕市委市政府提出的"凝聚精气神、建设新溧阳"总要求，突出"融入常州、接轨南京"战略重点，以《中共溧阳市委、市政府"向休闲经济"三年行动计划实施意见》和全市18项重点工程（工作）建设为抓手，深入推进旅游业转型升级，加快全域一体旅游布局，"向休闲经济拓展"三年行动计划全面启动，曹山省级旅游度假区、燕山—燕湖4A、史侯祠3A等新旅游区创建工作稳步推进，成功创建1家5星、1家4星及3家3星江苏省乡村旅游区（点），全域旅游示范区申请工作顺利启动。原来就有五星级4家（江苏天目湖宾馆有限公司、金陵溧阳宾馆有限公司、溧阳御水温泉度假酒店、溧阳天目国际度假村），

---

❶ 2016年1月6日徐华勤《2016年溧阳市政府工作报告》。
❷ 2017年1月6日徐华勤《2017年溧阳市政府工作报告》。

四星级9家（天目湖维景国际温泉酒店、常州涵田度假村酒店有限公司、扬子国际大酒店有限公司、溧阳皇廷国际大酒店有限公司、金峰国际大酒店有限公司、嘉丰明珠大酒店有限公司、溧阳假日酒店有限公司、华天度假村有限公司、溧阳天目湖豪生大酒店有限公司），三星级酒店及星级农庄不计其数。对于不足80万人口的县级市来说，旅游酒店的星级之高、高星级酒店之多在全国实属罕见，同时也说明溧阳在旅游及餐饮上的消费能力相当高，这使溧阳所需要的酒店服务及管理人才紧缺，同时对学校的酒店服务与管理专业的教学模式也提出了新的要求，特别是人才对企业适应能力的要求。

二、依托混合所有制实训基地提出建设新目标

（一）充分发挥地方协会在校企合作中穿针引线的作用

溧阳市天目湖中等专业学校是江苏省餐饮职教集团理事单位，同时也是溧阳市餐饮协会理事长单位，与协会的合作较为频繁且深入。协会一方面对酒店行业的运行情况比较了解，特别是对酒店行业人才的需求数量及质量更是了如指掌。另外，协会中很多的企业领导及一线员工，通过建立"校企合作委员会"等形式组织实施机构，对学校人才的培养方案提出合理化建议，制订培养方案和教学计划，指导校企合作各个环节，协调解决合作中出现的各种问题。

（二）引校入企，探索混合所有制实训基地建设新模式

溧阳属于经济中等发达的县级市，没有大型国企，以一、三产业为主要经济来源，企业的经济实力相对薄弱，要想将行业和地方企业资本吸引来校创建实训基地，企业的积极性不高。我们可以换位思考，将学校引入到企业，一方面可以使学生正常学习，而且学习的知识与技能是现代行业最前沿的；另一方面可以使企业投资建设的实训基地既可以成为学生教学及员工培训场所，同时也可以对外营业，减少企业来校及在企业的重复投入，也可以为企业带来一定的经济效益。

（三）为教师深入企业锻炼提供新场所

为贯彻落实全国职业教育工作会议精神以及《国务院关于加快发展现代职业教育的决定》（国发〔2014〕19号）要求，进一步加强职业学校"双师型"教师队伍建设，促进职业学校教师专业发展，提升教师实践教学水平，同时提出职业学校教师要定期到企业实践，是促进职业学校教师专业发展、提升教师实践教学能力的重要形式和有效举措。

我校与江苏天目湖宾馆有限公司就酒店服务与管理混合所有制实训基地建设进行积极探索，利用学校积累的教学能力及技术优势，帮助企业进行建设，既符合教学和培训要求，又可以对外营业。学校教师可以在混合所有制的实训基地进行教学和培训企业员工，同时教师不必仅限于利用寒、暑假时间集中下企业进行技能锻炼，可以利用平时时间进混合所有制的实训基地进行管理，同时学习企业最新的管理经验及理念并运用到教学中去，形成教师入企业锻炼的新模式。

（四）建设符合对接现代学徒制要求的新基地

江苏天目湖宾馆有限公司与学校结成校企合作早在1996年，现在这种合作关系依然存在且发展得越来越密切。公司的管理人员及技能能手在学校担任兼职教师，公司员工接受学校教师的培训，公司接受学校的学生实习、就业等。

在现代学徒制教育模式下，实训基地既要区别于传统学徒制场所的完全企业化，又要符合现代教学要求，同时还要满足学生技能学习与顶岗实习的需要。积极探索混合所有制实训基地的创新建设，充分发挥现代学徒制建设委员会的作用，定期组织专家到学校进行调查研究、工作指导、研讨交流，紧扣地方旅游经济，建设成集教学、培训、对外营业等功能于一体的花园式酒店，更好地服务于地方经济，更好地实施现代学徒制。

三、紧扣市场需求抓实抓好建设过程

（一）建设思路

根据江苏省溧阳市"十三五"规划中对溧阳旅游的整体思路，依托溧阳餐饮协会，溧阳市天目湖中等专业学校与江苏天目湖宾馆有限公司在天目湖旅游风景区共同建设"酒店服务与管理混合所有制实训基地"。发挥溧阳市天目湖中等专业学校酒店服务与管理专业的优势，在学校承担溧阳旅游行业人员培训中心这一重任的情况下，以学校的师资技术力量及中国最佳旅游目的地这一荣誉，吸引社会资本参与学校酒店服务与管理实训基地建设，培养在校中职学生的同时，为各种层次的社会人员及企业员工入职培训，为溧阳旅游行业培养技能型人才，提升溧阳旅游服务人员整体素质，提升溧阳旅游形象，为溧阳旅游业保驾护航。

（二）建设内容

（1）通过"酒店服务与管理混合所有制实训基地"的建设，探索校企合作的新模式，进一步探索以就业为导向、以能力为本位的教学改革模式，进一步创新学校人才培养模式。建立完善"现代学徒制"背景下的实践教学体系，强化学生职业素养、专业实践能力、职业技能的培养，将职业岗位所需的各项能力培养融入专业教学体系，使学生毕业即能上岗，增强中职毕业生与大学生的就业竞争能力。

（2）通过"酒店服务与管理混合所有制实训基地"的建设，探索教师下企业锻炼的新模式，促进教师深入企业一线，为教学积累第一手的教学素材。以教师主动参与并设计实训基地为切入点，以教师承担各种培训为抓手，提高教师技术技能水平，促进教学相长，在培养"双师型"教师的基础上，培养更多的技术型、学术型的名教师。

（3）通过"酒店服务与管理混合所有制实训基地"的建设，探索实践教学的新模式，将学校引入企业，使学生在理论学习的同时也进行一定的实践操作，使理论与实践相辅相承。同时建立校企之间"责任共担、人才共育、过程共管、成果共享"的合作机制。

四、充分聚集政行校企各方力量，为基地建设与运行提供保障

（一）政行校企合作，共建基地组织机构

在溧阳市教育局、旅游局的主导下，依托溧阳市餐饮协会，学校与江

苏天目湖宾馆有限公司合作进行"酒店混合所有制实训基地"的建设,将秘书处设在溧阳市天目湖中等专业学校。在此基础上,成立溧阳旅游行政校企合作工作委员会、专业建设委员会和工学结合、顶岗实习工作委员会。政行校企合作工作委员会(决策层)由溧阳市教育局、旅游局主管领导、溧阳市餐饮协会正副会长和溧阳市天目湖中等专业学校校长、江苏天目湖宾馆有限公司董事长组成政行校企合作领导小组。政行校企合作专业建设委员会(建设层)由学校校长任主任,副校长和江苏天目湖宾馆有限公司总经理,学校办公室、教务处、学生处、各专业部主任及餐饮协会各会员单位的专业技术人员为成员。政行校企合作工学结合、顶岗实习工作委员会由学校校长任主任,副校长担任副主任,主要成员由学校学生处管理人员、旅游专业部分管顶岗实习的副主任、专业骨干教师、溧阳餐饮协会企业主管人事的人员、顶岗实习指导教师和班主任等组成。

(二)社会资本投入,完善基地硬件设备

1. 教学场地

根据江苏天目湖宾馆有限公司和学校的协议,"酒店服务与管理混合所有制实训基地"设立在天目湖旅游度假区,由企业出资800万元建实训餐厅及客房实训基地,理论教学培训教室和生活配套设施。

2. 设备提供

"酒店服务与管理混合所有制实训基地"教学和培训所需的教育教学设备,由社会自然人(溧阳宏达电梯培训有限公司总经理)出资2000万元购置,学校负责整体规划设计、构建建设方案和具体设备安装调试的实施。经营、教学和培训过程中所需要的师资全部由学校派出。

3. 资金保障

"混合所有制实训基地"在组织教学和培训过程中,企业负责基地运营的各类资金保障,占实训基地85%股份。并保证管理教师、教学教师和培训教师的工作津贴。

(三)协会资源提供保障,扩大基地资源平台

溧阳市餐饮协会利用其在行业中的背景资源,积极争取政府政策支持，充分利用行业的影响力，保障学生和培训学员的就业。

（四）学校技术入股，保障基地专业教学

学校以技术入股，占实训基地15%股份，提供师资和技术支撑，负责"酒店服务与管理混合所有制实训基地"的规划和建设、培训方案的制订、学生实习及培训工作的正常开展，学校承担提高培训质量的义务。

五、提升混合所有制实训基地建设的外溢效应

（一）以混合所有制实训基地为突破口，提高旅游服务人员素质

校企合作进行混合所有制实训基地建设，是建设高水平现代化实训基地的有效途径。"酒店服务与管理混合所有制实训基地"的新型校企合作的方式，是校企合作新的突破口，这种方式将政府的主导作用、行业的资源、地方资本和学校的技术力量充分融合，集中体现在实训基地的规划、设计、运作和学生技能的提高，通过实践证明这种探索是行之有效的。

（二）以混合所有制实训基地为依托，加快普职融通新进程

"酒店服务与管理混合所有制实训基地"加快了普职融通的进程，普职融通是普通教育与职业教育相互融合的创新型教育，使普通中小学生体验职业技能，使学生从小树立劳动光荣的意识，并且基本掌握一门基础技能，为以后走上社会就业与创业打下一定的基础；将"酒店服务与管理混合所有制实训基地"建设在天目湖旅游度假区有以下几点好处：一是学生来到基地也就来到了旅游区，不觉得枯燥乏味，不会有逆反心理；二是可以面对各地的客人，使体验者在体验过程中有成就感；另外，能够使学生在做中学、在学中悟，使体验者在劳动中体验劳动人民的艰辛，从而在思想上更加尊重劳动人民。学校通过基地加快普职融通进程，不仅为职业教育做贡献，也会普通教育做贡献，为溧阳的教育向前推进做贡献。

（三）以培养大国工匠为目标指向，精准对接现代学徒制

现代学徒制是传统学徒培训与现代职业教育的结合，学校与企业联合招生招工，教师与师傅联合传授知识技能，工学交替，这是基于培养具有必要理论知识和较强实践技能的高素质、技能型专门人才的培养模式。

"精"——聘行业具有较高水平的师傅担任学生的企业师傅、聘学校德技双能的骨干教师担任学生的学校指导教师，借助混合所有制实训基地的先进设施设备、采用科学有效的训练方法、紧密结合行业发展动态进行授课教学。"准"——给学生的培养目标定位准、学生职业发展规划明确、对行业发展及现状定位准确。借助"混合所有制实训基地"这一平台，使学生实现技能与行业要求的零距离，而且在教育教学过程中帮助学生制定符合自身实际与特点的职业发展规划，使学生的定位不仅仅停留在技能工人的层面上，而且，瞄准大国工匠这一目标，使学生在职业生涯中有更大的发展空间。

（四）以服务社会为宗旨，全力打造旅游行业新品牌

1. 成效显著，口碑满誉

随着学校对酒店服务与管理人才培养模式的不断探索，"酒店服务与管理混合所有制实训基地"的不断完善，基地的作用在学生专业技能中日益彰显。由于师资的充足、基地设备的完整、训练方法的科学，学生的综合实践能力不断提高，教师和学生在各级各类比赛中不断取得好成绩。近年来共获省级以上比赛行业比赛金牌6枚，省级以上金牌1枚，银牌5枚，铜牌多枚。学校的教学模式得到社会和企业的广泛认可，吸引了溧阳市及周边城市高星级酒店慕名前来招聘员工。同时作为溧阳市旅游行业培训中心，每年为旅游协会培训近200人次，而且培训效果明显，深受委培单位和社会好评。常州日报、溧阳电视台、溧阳时报、溧阳教育网等多家媒体对我校的酒店服务与管理专业的专业教师、人才培养模式及所培养的人才素质进行了宣传报道，得到了社会一致认可。

2. 竞赛有序，社会认可

在基地开展学生技能训练和社会培训工作的同时，学校积极承担基地的社会责任，主动承办各级各类竞赛，每年的溧阳市旅游饭店职业技能大赛、溧阳市旅游行业导游人员技能大赛均在我校举行，我校从组织协调、组织保障、竞赛准备、评委评判等工作受到了主办方及参赛单位一致的高度评价。这提高了我校酒店服务与管理专业在行业内及社会的地位。

二、实践篇

参考文献

［1］王海. 基于混合所有制的区校共建社区学院探讨与实践——以海南职业技术学院为例［J］. 广东科技，2017（12）.

［2］冯朝军. 新时期我国国有企业混合所有制改革路径探索［J］. 技术经济与管理研究，2017（12）.

［3］林红梅. 高职院校校内生产性实训基地企业模式运作机制的研究［J］. 职教论坛，2013（6）.

［4］齐向阳. 校企合作建设生产性实训基地的机制创新［J］. 中国教育技术装备，2010（27）.

现代农业专业混合所有制实训基地建设刍议

卞和保

溧阳地处沪、宁、杭金三角之中枢，苏、浙、皖三省之交界，属长三角区域核心地带，是我国历史上最赋盛名的"鱼米之乡、茶乡、丝绸之乡"之一。长期以来，溧阳市紧密围绕"装备先进、产业高效、生态安全"的总体目标，科学把握长三角区域特别是苏南板块经济社会特点，结合自身实际，积极实施差别化发展战略，具有溧阳特色的现代农业发展之路渐走渐宽。为增强职业教育为地方经济服务的效能，溧阳市天目湖中等专业学校与溧阳曹山慢城、溧阳优鲜到家、溧阳市天目湖晨晓茶树种植家庭农场和溧阳市天目湖毛尖花红生态农业有限公司等单位共建农业技能型人才培养培训基地。

一、现代农业专业混合所有制实训基地建设的必要性

（一）建设"现代农业专业混合所有制实训基地"是我校涉农专业建设的需要

溧阳市天目湖中等专业学校是江苏省首批三星级职业学校，具有多年涉农专业建设历史。现代农业专业混合所有制实训基地的建设，可有效地加强实践教学，培养学生的动手能力和知识运用能力，为切实提高专业教学质量提供有力保障。

（二）建设"现代农业专业混合所有制实训基地"是培养新型职业农民的需要

溧阳全市79万人口中，农业人口近53万，但从目前农业从业人员素

质的现状来看，大多数农民仍然沿用传统的生产方式和方法进行生产，由于文化素质普遍较低，因此，对新技术、新方法、新品种以及设施栽培的接受能力普遍较差，不能适应溧阳未来农业发展趋势，已经成为制约溧阳农业进一步发展的瓶颈。

现代农业属于技术、资本、人才密集型产业，农业现代化水平的高低与物质技术装备和从业人员素质的高低成正比。目前，发达国家农业正逐步从资本密集型向知识密集型转变，向具有智能化、生物化、产业化、生态化和可持续性等特征的现代农业转变，这必然要求具有与之相适应的高素质现代农业从业者。在未来实现中国特色农业现代化道路中，现代农业功能及其内涵将不断丰富和拓展，农业现代化和新型城镇化将融合推进，这都离不开高素质从业者和创业者积极投入和深度参与。摆脱对传统农业劳动密集、效益低下、知识技术含量低的刻板印象，依托现代科技改造农业、采用现代物质条件装备农业、依靠现代产业体系提升农业、借鉴现代发展理念引领农业、培养新型职业农民助推农业意义深远。这些都充分表明，传统的人才培养模式已远远不能满足农业人才培养的需求。事实证明，只有通过现代农业专业混合所有制实训基地才能培养出新型职业农民。

（三）建设"现代农业专业混合所有制实训基地"是农业职业技能鉴定的需要

职业准入制度是我国劳动制度的重要组成部分，随着我国人才评价制度逐渐与国际接轨，我国职业准入制度已基本确立，职业资格证书成为人们择业的"通行证"。现代农业专业混合所有制实训基地的建设，能够拓展农业从业人员的技能培训内容，为全面培训技能型农业从业人员提供有力保障。因此，通过实训基地的建设把我校建设成为常州市人力资源与社会保障局技能鉴定中心下设的职业技能鉴定机构，承担全市农业类技能人才的职业技能鉴定工作，其意义重大。

（四）建设"现代农业专业混合所有制实训基地"是现代学徒制人才培养模式的需要

现代学徒制人才培养实施小班化的教学以及师带徒个性化的培养，在人力（师资）、物力（设备设施）及财力（耗材等）等方面投入巨大，单靠政府和学校项目化地推进和投入，实现不了现代学徒制人才培养模式的可持续。因此，我们需要通过现代农业专业混合所有制实训基地的建设，为现代学徒制的人才培养模式提供实习实训平台。

（五）建设"现代农业专业混合所有制实训基地"是增强学生社会竞争力的需要

通过混合所有制实训基地的建设，我们就可以充分利用学校与企业、科研单位等多种不同教学环境和教学资源以及在人才培养方面的各自优势，把以课堂传授知识为主的学校教育与直接获取实际经验、实践能力为主的生产、科研实践有机结合起来。这从根本上解决了学校教育与社会需求脱节的问题，缩小学校和社会对人才培养与需求之间的差距，增强了学生的社会竞争力。

二、现代农业专业混合所有制实训基地建设的主要目标

（1）通过现代农业专业混合所有制实训基地建设，加强实训场地及设备设施建设，以满足"现代学徒制"教学、社会培训、职业技能鉴定及技能竞赛需求。

（2）通过现代农业专业混合所有制实训基地的建设，加强对教学团队成员的培养，使他们具有专业前沿知识和先进教育教学理念，在专业、行业领域形成一定的影响力。

（3）通过现代农业专业混合所有制实训基地建设，按照"企业用人需求与岗位资格标准"设置课程，开发微课、视频等信息化课程资源，建立动态、共享的课程资源库。

（4）通过现代农业专业混合所有制实训基地建设，完善产学研结合机制，面向农业企业开展技术开发与服务。通过网络互动平台，为区域技能人才培养和技术服务推广服务。

三、现代农业专业混合所有制实训基地建设的过程

（一）建设思路

在溧阳市农林局主导和组织下，学校与溧阳曹山慢城、溧阳优鲜到家、溧阳市天目湖晨晓茶树种植家庭农场和溧阳市天目湖毛尖花红生态农业有限公司等单位共建"混合所有制实训基地"。发挥溧阳市天目湖中等专业学校农业专业的专业优势，以学校的技术力量及农业专业的品牌效应，吸引社会资本参与学校农业实训基地建设，培养在校中职学生的同时，进行各种层次的社会培训，满足各种类别技能大赛的需要。

现代农业专业混合所有制实训基地建设要根据培养高技能应用型职业技能人才的要求，将工作过程与教学过程对接，工作内容与教学内容对接，打造真实生产工作场景，实现教师与师傅、学生与学徒身份的融合，使实训基地成为学生职业技能训练中心和职业素质培养中心。

现代农业专业混合所有制实训基地建设要对接区域支柱产业，深度融入产业链，有效服务区域农业产业结构优化升级，有效服务区域经济社会发展。

现代农业专业混合所有制实训基地建设要依托企业发展态势，实现校企合作、工学结合模式的良性运作；依托专业发展需要，建设先进的硬件环境，构建生产性实习实训教学体系；依托产业发展规模，构建农业从业人员技能培训和农业技术推广服务信息平台；依托南京农业大学等科研实力强的高校，加强专业师资队伍建设，加快科研项目攻关和产品开发。

（二）建设内容

1. 体制机制方面

以现代农艺技术和农业机械使用与维护专业为重点，成立了由学校和区域内的溧阳曹山慢城、溧阳优鲜到家、溧阳市天目湖晨晓茶树种植家庭农场、溧阳市天目湖毛尖花红生态农业有限公司、溧阳市海滨农机合作社、南京农业大学等重点行业、企业、高校等组成的实训基地建设指导委员会。委员会对现代农业专业混合所有制实训基地建设工作进行统筹规划

和组织协调，运用信息化管理手段，按照校企共建、共管、共享的原则，建设成为具有技能培训功能、技能鉴定功能、产品生产功能、技能竞赛和教学功能的一体化基地。

2. 硬件环境方面

现代农业专业混合所有制实训基地建设了农机维修保养实训室、制茶室、果蔬嫁接室、植物组织培养室、植物标本室、蔬菜连栋大棚及花卉蔬菜种植基地，还建设了生态农业和无公害农业展示厅，同时建设了农业技术信息服务中心。能满足本专业在校生的理实一体化教学和生产性实训要求，满足社会培训，满足农林牧渔类专业相应工种的中高级技能鉴定工作和其他行业性培训认证要求。能满足"现代学徒制"教学，达到预就业效果。实训基地建设与南京农业大学等高校联合建设，以高效先进的实践经验指导，满足了产学研一体化功能。

3. 教学团队方面

专业教师充分利用现代农业专业混合所有制实训基地加强企业实践锻炼，提高自身实践操作能力和专业素养，实训基地选配的专业教师中80%以上获得了高级职业资格，50%以上的专业教师获得了技师以上职业资格。

加强了对现代农业专业混合所有制实训基地管理人员和专业带头人的培训培养，使他们具有专业前沿知识和先进教育教学理念，在专业、行业领域形成一定的影响力，成长为教学名师、技能大师、管理能手。积极引进和高薪聘请行业、企业的专家和技术中坚担任基地实训指导教师，以充实基地教学团队，切实提高教学效益。

4. 人才培养模式方面

推进校企联合招生模式。在招生之前，由合作的农业企业直接参与按企业的用人标准，通过面试的形式录取学生。这些学生相当于该企业的"后备员工"，具有双重身份，既是学生，又是学徒。

推进校企联合培养的"现代学徒制"人才培养模式。学校与企业共同研究制订人才培养方案，确定相应的教学内容和合作形式，改革教学质量评价标准和学生考核办法，将学生工作业绩和师傅评价纳入学生学业评价标准，实现专业教学与生产相对接。

5. 课程资源建设方面

专业课程体系建设方面：按照"企业用人需求与岗位资格标准"设置课程，建成"公共课程+核心课程+教学项目"为主要特征的适合学徒制的专业课程体系。

课程资源开发与利用方面：教师是首要的课程资源，教师应不断接受新知识、新方法和新理念，加强专业学习和下企业锻炼，提高专业实践技能和教学能力；开发教师手册、实训指导手册、综合技能训练书和试题库等教学资源，配全必备的实验实训设施设备；充分利用图书馆、实习基地和实验室的教学资源作用，通过校企合作的形式，建设好现代农业专业混合所有制实训基地；开发配套的教学软件、共享平台、微课、视频等信息化课程资源，建立动态、共享的课程资源库。

6. 社会服务能力方面

完善产学研结合机制，加快实习产品开发，面向农业企业开展技术开发与服务。发挥现代农业专业混合所有制实训基地的生产实训、技能培训与鉴定、专业师资培养、社会培训与服务、科研攻关等多种功能，实现经济效益、教学效益、科研效益、社会效益的统一共赢。

依据学校与企业、社会信息互通、资源共享的原则，开发实时农事信息指导、职业资格鉴定信息等融实践教学、社会培训、技术服务于一体的网络互动平台，更有效地推动实训基地成为区域技能人才培养和技术服务推广服务。

四、现代农业专业混合所有制实训基地建设的条件保障

（一）政校企合作，共建基地组织机构

在溧阳市农林局的主导和组织下，进行"混合所有制实训基地"的建设。在此基础上，成立现代农业专业实训基地政校企合作工作委员会、专业建设委员会和工学结合、顶岗实习工作委员会。政校企合作工作委员会由溧阳市农林局局长任主任，合作企业总经理和学校校长任副主任，合作企业基地分管副总为成员组成。政校企合作专业建设委员会由学校校长任

主任，副校长和合作企业基地分管副总任副主任，学校办公室、教务处、学生处、后勤处、农业专业部主任及合作企业专业技术人员为成员。政校企合作工学结合、顶岗实习工作委员会由学校校长任主任，副校长担任副主任，主要成员由学校学生处管理人员、农业专业部分管顶岗实习的副主任、专业骨干教师、合作企业主管人事的人员、顶岗实习指导教师和班主任等组成。

（二）社会资本投入，完善基地硬件设备

1. 教学场地

根据合作企业和学校的协议，"现代农业专业混合所有制实训基地"设立在相应企业，由企业出资新建办公综合楼、实训车间及教学和生活配套设施。

2. 设备提供

"现代农业专业混合所有制实训基地"教学和培训所需的教育教学设备，由合作企业购置，学校负责整体规划设计、构建建设方案和具体设备安装调试的实施。经营、教学和培训过程中所需要的师资全部由学校派出。

3. 资金保障

"现代农业专业混合所有制实训基地"在组织教学和培训过程中，企业负责基地运营的各类资金保障，占实训基地75%股份。并保证管理教师、教学教师和培训教师的工作津贴。

（三）溧阳市农林局资源入股，扩大基地资源平台

溧阳市农林局利用其背景资源入股，占实训基地5%股份，积极争取政府政策支持，充分利用行业的影响力，保障学生和培训学员的就业。

（四）学校技术入股，保障基地专业教学

学校以技术入股，占实训基地20%股份，提供师资和技术支撑，负责"现代农业专业混合所有制实训基地"的规划和建设、培训方案的制订、学生实习及培训工作的正常开展，学校承担提高培训质量的义务。

二、实践篇

五、现代农业专业混合所有制实训基地建设的主要成效

（一）有效实现了教学、培训、生产、科研、竞赛和鉴定功能一体化

教学：依据岗位要求，建设与现代农业生产场景相近的教学场景，营造企业文化，激发学生爱农、学农、建农的热情。围绕以工作过程为导向的课程改革和行动导向的教学需求，推进工学结合、现代学徒制等人才培养模式，把行业企业的需求变成学校的教学行动。

培训：在满足学历教育教学任务的同时，资源共享，充分发挥实训基地功能辐射作用，开展针对行业企业管理人员和技术人员的培训、针对农村富余劳动力的转移培训、针对中小学生的职业通识教育培训和针对退役军人的培训。

生产：利用混合所有制实训基地开展了茶叶生产、分级、包装、销售示范活动，为学生或农民的创业提供服务，使基地成为产业发展的创业孵化器。

科研：开展新品种研发、新技术创新推广，与企业共建企业研发中心，助推区域主导产业的产品更新换代和技术提升。

竞赛：学校利用"现代农业专业混合所有制实训基地"多次成功举办了溧阳市职业学校种子质量检测、果蔬嫁接和手工制茶、农机维修等技能大赛。此外，我校农业专业教师和学生在各级各类比赛中不断取得好成绩，共获国家级金牌2枚、省级金牌6枚、省级银牌和铜牌多枚。

鉴定：基地项目中建成的职业资格鉴定信息平台，基本实现农业类职业资格鉴定考核项目的全覆盖。

（二）借鉴"联产承包责任制"经营模式，提高师生积极性

通过一年的探索，借鉴"联产承包责任制"经营模式，尝试开展创业承包式实训，分班级承包了校内10亩大小的实习基地。

每个区域由各班主任当"班级农场主"，分别种植有机黄瓜、樱桃番茄、西葫芦、茄子等，由班级学生亲自轮流参与整地、种植、喷药、整枝、授粉、除草和松土等全程管理，学校专业老师和溧阳优鲜到家技术员

给予技术指导，师生主动参与性空前高涨。

农业专业的学生在实训基地种植的有机黄瓜、樱桃番茄、西葫芦、茄子等喜获丰收，周末学生离校回家时，学生可以带一部分自己亲手种的瓜果蔬菜与父母分享，这样的举措取得了良好的教学效益、经济效益和社会效益。

"从作品走向商品"，师生们在品尝自己劳动成果的基础上，借助平面设计专业学生的专业优势对产品进行包装，走进戴埠镇农贸市场等，进行农产品营销。真刀实枪体验，全方位锻炼了学生的创业能力。

（三）校企联姻，探索现代学徒制

农业实训基地建设要根据培养高技能应用型职业技能人才的要求，将工作过程与教学过程对接，工作内容与教学内容对接，打造真实生产工作场景，实现教师与师傅、学生与学徒身份的融合，使实训基地成为学生职业技能训练中心和职业素质培养中心。

最早与我校农业专业合作的企业就是溧阳曹山慢城，在公司主营的园林苗木、绿化工程、观赏花卉、农业观光等方面，均为我们学校农业专业学生设置了工位，安排了专门的技术人员当学生的师傅，并提供给他们环境整洁、设备齐全的宿舍，每月还发给他们实习工资。

"前期比较费时费力，需要公司的师傅手把手教，但我们是为了长远储备人才。"溧阳曹山慢城负责人坦言，学生刚来当学徒时确实有无从下手的感觉，但有了师傅的指引，他们很快就能适应。同时，公司也常常利用空闲时间给学徒讲企业文化、讲现代农业的发展、讲在农业相关单位工作的好处、讲优秀员工的工作经历等，在潜移默化中加深他们对所学专业以及现代农业的认同。

农业专业积极参与溧阳市政府牵头申报的教育部第二批现代学徒制试点工作，争取通过该项目的实施进一步归纳现代学徒制实施的方法、经验，真正实施精准学徒制。

六、现代农业专业混合所有制实训基地建设的体会与思考

（一）如何解决企业追求利润与学校强化学生技能训练之间存在的矛盾

在现代农业专业混合所有制实训基地的建设过程中，企业的投入，首

先想到的是成本和利润,因而企业关心的是基地所出产品的质量和速度,关心的是多久能收回投资。而学校教学注重的是循序渐进,促进学生全面发展,以增强其发展潜力和后劲,因此,学校关注的是,要让学生掌握什么技能,而不关心训练中所产生的"产品"有多大的效益,因而在基地所出产品的质量和速度方面满足不了企业的需求。

(二) 建设混合所有制实训基地要坚持三个原则

坚持长效性原则,杜绝短效投机行为,这是站在长期发展的战略高度上,确保校企双方合作稳定,长期受益,相互促进、提高。

坚持针对性原则,在进行校企合作时不盲目,更不是不分良莠随便找来一个企业就与之合作,而是经过认真考察、论证后,有目的、有针对性地选择那些效益好、信誉好,与专业对口或相近,有发展潜力的企业作为我校的合作伙伴。

坚持多样性原则,合作的企业不单一,不是只顾主干专业,忽视非主干专业,而是满足不同专业、培养不同类型人才的需要选择各类企业。

(三) 建设"混合所有制实训基地"需要各方协同

以服务地方经济为出发点,积极争取政府相关部门的政策支持和制度保障,主动沟通政府相关部门、行业协会、科研机构等,使我校的校企合作得到全社会方方面面的支持,更好地为地方经济服务。

通过成立校友会的形式,充分发挥好校友会的作用,定期走访校友企业,寻找合作项目;同时发挥校友会的影响力,吸引更多的企业积极参与校企合作,推进学院快速发展。

参考文献

[1] 国务院. 国务院关于加快发展现代职业教育的决定 [Z]. 2014 – 05 – 02.

[2] 王云清. 共建混合所有制实训基地 [N]. 中国教育新闻网—中国教育报,2018 – 01 – 30.

[3]《教育部关于开展现代学徒制试点工作意见》(教职成〔2014〕9 号)。

[4]《江苏省教育厅关于推进现代学徒制试点工作的通知》(苏教职〔2016〕26 号)。

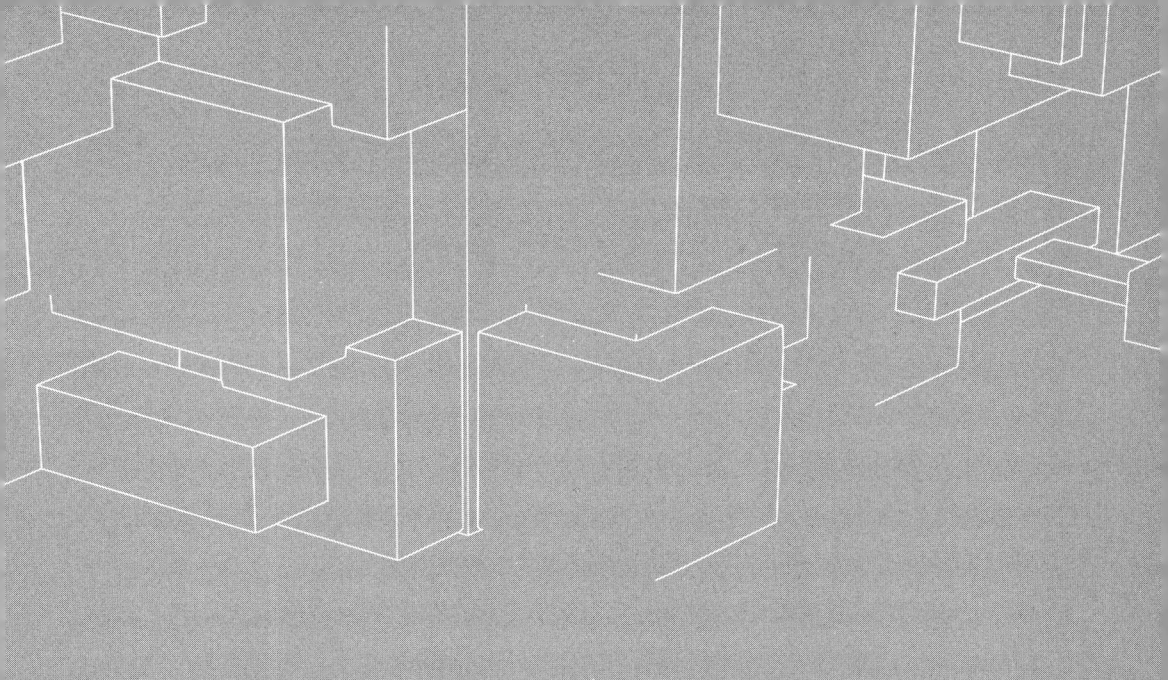

三、专家视点篇

震撼与振奋

王寿斌[*]

2017年10月，利用到天目湖中专讲座的机会，在王云清校长的陪同下，笔者把该校的三个校区转了个遍。印象最深的有两件事：一件是学校近乎"军事化"的学生管理，学生在校生活、学习、娱乐的每一个环节都井井有条、一丝不苟，达到令人震撼的程度；另一件是电梯专业的实训基地建设。从训练设备的配置来讲，完全可以用高精尖和规模、配套来概括。目之所及、耳之所闻，让我对"全国电梯之乡"的美誉有了深信不疑的了解和敬佩，一个人口只有78万的县城，竟然承担全国超过50%的电梯安装任务，而且全国几乎所有高速和超高速电梯均由溧阳人安装。这背后的支撑，不仅有溧阳电梯行业老板们的个体努力，更有溧阳电梯商会的集中统领，而更为重要的则是溧阳职业教育对电梯专业人才培养的支持，三者缺一不可。

2018年元月，第二次再到天目湖中专为老师们做讲座的时候，笔者欣然看到一本题为《溧阳市天目湖中专校混合所有制实训基地建设的研究与实践》的书稿，通读全书，职教改革的气息扑面而来，学校师生全员、全方位参与校企合作及其科研的状态令人振奋，校企合作的长久历程和融合深度令人钦佩！我感觉这完全不像王校长所说的还只是"启航"，学校已经在混合所有制实训基地建设方面做了连续多年的全方位探索！

与此同时，天目湖中专的"混合所有制"实践，令笔者想到了几年前对"混合所有制"课题的研究。2014年下半年，笔者所任职的苏州工业园

---

[*] 苏州工业园区职业技术学院教授、党委副书记，兼浙江永嘉学院副院长。

区职业技术学院接受了教育部的委托，在时任副部长鲁昕的直接关心下，在全国率先启动"职业院校混合所有制办学研究"，作为研究课题的主要负责人之一，笔者设计了面向各省教育厅进行调研的调查问卷，并请教育部高教处的童卫军教授帮助发放到全国各省教育厅，令人遗憾的是，最终能够及时回收有效问卷只有7份，深度了解背后原因，不是因为各省教育厅不重视，而是由于当年的"混合所有制"办学属于新生事物，当时各省级教育行政主管部门的机构设置里根本找不到填写调查问卷的"对口"科室，当时的"混合所有制"研究现状由此可见一斑。在后来呈交教育部的研究报告中，我们针对校级层面举行"混合所有制"办学的难度较大、难于推广的实际，曾建议重点推进二级学院层面、实训基地建设层面、具体项目层面等的"混合所有制"探索。完全没有想到的是，在短短三四年以后，溧阳市的天目湖中专便已在实训基地的"混合所有制"建设这片"蓝海"里做出了卓有成效的探索，他们领先全国的实践，不仅在职教同行中引发关注，更在教育主管部门引发思考，还吸引了《中国教育报》等主流媒体的强烈关注，实在是可喜、可贺、可敬。

感慨和钦佩于以王云清校长为核心的管理团队和研究团队的探索，遂写下这一心得，以记录和传播天目湖中专的改革轨迹，非常期望天目湖中专的成功经验能够最大限度地被同行院校借鉴和推广。

职业院校如何尝试混合所有制

刘洪一[*]

所谓混合所有制指产权分属不同性质所有者的财产所有结构。党的十八届三中全会强调，要积极发展混合所有制经济。而发展混合所有制职业院校，则是所有制结构调整由经济领域向社会领域深化的体现，是我国高等教育体制机制改革的重大突破，对促进我国职业教育改革和发展，密切职业教育与经济发展的联系，提高职业教育的质量和水平，具有深远的历史和现实意义。

一、破解职教发展诸多问题

从根本上解决职业教育投入不足的问题。经费投入不足，已经成为制约我国职业教育发展的重要瓶颈。职业教育要办出质量，必须花费大量资金进行实训基地建设和技能训练，生均培养成本是同级普通教育的 2~3 倍。然而，事实上，长期以来，我国职业教育的投入普遍低于同级普通教育。而中国这个世界上最大规模的职业教育体系，完全依靠政府投入是不可能的。只有大力发展混合所有制职业院校，吸引更多的社会资本投资职业教育，形成政府、企业和个人多方投入机制，才能从根本上解决职业教育投入不足的问题。

根本解决职教与行业需求两张皮的问题。多年来，虽然政府十分重视校企合作，也采取了一定的政策措施予以推动，职业院校也有与企业合作的强烈愿望，但产学合作的长效机制仍然没有建立起来。究其原因，还是

---

[*] 作者系深圳职业技术学院党委书记、校长。原文载于《光明日报》2015 年 8 月 11 日。

没有从根本上调动行业、企业参与职业教育的积极性。而发展混合所有制职业院校，企业成为学校股东中的一员，学校的发展与企业的利益和发展紧密地联系在一起，二者形成命运共同体，校企合作、产教深度融合也就顺理成章了；职业院校就能真正做到按照行业、企业对人才的需要培养人才，把为企业提供技术支持和服务当成学校分内的任务。

深化职业院校管理体制改革。改革开放以来，我国职业教育改革发展虽然取得了巨大成就，但还不能完全适应社会经济发展的需要。究其原因，最根本的还在于体制机制问题——职业院校办学自主权没有得到真正的落实。而发展混合所有制职业院校，学校在不违背党的教育方针的前提下，可以按股份制公司模式运行，学校教职员工也可以投资入股成为学校的股东。既有利于学校根据市场需求和行业企业需要灵活自主办学，又有利于整合社会各方和校内各部门资源，激发和调动教职工积极性，发挥各方优势，实现协同创新和协同育人。学校的办学自主权真正得到落实，内部治理结构更加合理，治理能力得到提高，现代学校制度有可能率先在职业院校建立起来。

二、紧盯诸多关键环节

混合所有制由经济领域向教育领域的延伸，是一项重大的改革和创新，必然面临很多新的情况和问题，必须紧盯几个关键环节，突破一些观念和体制上的障碍，提供必要的政策和制度保障，才能顺利地推行。

（1）破除观念性障碍。混合所有制是一个经济学概念，清晰的产权界定和所有制主体划分是其最重要的基石。但将这一制度直接植入教育领域，就目前环境来看，首先要考虑和解决的是"水土不服"的问题。比如，《中华人民共和国教育法》明确规定，学校属于非营利性机构，不得以营利为目的。而《中华人民共和国民办教育促进法》则规定"出资人可以从办学结余中取得合理回报"。从法律规定角度看，民办职业院校是否可以允许出资方分享办学收益？公办职业院校是否可以引入社会资本？如果可以，那引资入校后的职业院校如何界定法人类型等问题都有待解决。简单地讲，投资、产权、经营、收益这几个方面的多元混合才构成混合所有制。

（2）完善相关法律、制度和政策。发展混合所有制职业院校，必须解决许多法律和政策上的问题。否则，单从职业教育体系内部进行所有制改革，无异于闭门造车。比如，为适应混合所有制改革需要，对职业院校法人类型进行营利性和非营利性划分；允许具有一定规模的企业集团投资职业院校，以培养优秀人才和合理收益作为投资企业的投资回报；允许混合所有制改革，适应市场机制的管理模式将替代职业院校现行班子议事决策机制等。这些举措都需要突破现有的制度壁垒。

（3）政府需适度放权并有效监管。按照世界职业教育、高等教育发展规律，职业院校进行混合所有制改革试点，政府大包大揽是不可行的。在改革进程中，政府既不能"越位"，更不能"失位"。只有这样，混合所有制改革才能激活办学体制，才能使职业院校走向产权结构多元化、发展方向市场化、经营管理科学化、人才培养实用化的繁荣局面。

三、混合所有制的探索途径

在目前的情况下，个人认为发展混合所有制职业院校主要通过如下几种途径。

（1）界定民间资本的基本权益。从目前民间资本参与职业院校发展情况看，主要有以下几种方式：一是投资办学，二是捐资办学，三是出资办学。至于哪种可以作为中国职业院校混合所有制改革可选择的办学方式，就需要政策制定者在充分调研、听取校企双方和相关领域专家学者意见基础上，制定出符合中国实际的顶层制度安排，并以此作为中国职业院校深化混合所有制改革的指导性方针。

（2）界定管理标准和准入边界。目前，对民间资本兴办教育的回报问题仍没有明确法律制度加以保障，无论是独立出资兴办学校，还是出资合作办学，都处于十分模糊的状态。这需通过顶层制度设计加以明确。清晰的界定标准将会更加有利于吸引民间资本进入现代职业教育领域，也有利于职业院校混合所有制改革进程。此外，从不同层次类别的教育属性和当前供需关系出发，营利性学校的准入应当设置一定的禁区，即划清社会力量准入边界，不宜同时、全面向民间资本开放。

（3）明确控股权及决策权。从目前发展趋势看，社会力量参与兴办职业院校甚至独立兴办职业院校是大势所趋，在个别省份已经初具规模。这其中关键在于，股权结构是否合理，董事会、监事会、股东会等现代公司治理体系的作用能否充分发挥。经过混合所有制改革的职业院校，其决策权将不再由校领导班子决定，而是由股东选举的董事会集体做出决策。

（4）混合所有制试点应循序渐进。混合所有制职业院校是复杂的系统性工程，不可能"一混就灵"，更不能"一混了之"。推进混合所有制职业院校改革，更不可能一步到位，应该分步实施。对于现行体制下发展状况较好的职业院校，可以将与市场需求和企业联系紧密的院系和专业拿出来，试点"一院两制"（公办和混合），让各类社会力量通过"混合制"参与到试点中，与"公办制"形成现实比较，在试点过程中不断完善"混合制"制度安排。对于发展状况较差的公办职业院校，可以选择硬件相对好的学校整体实施混合所有制改革试点，解决制约这些公办职业院校发展的瓶颈问题。同时，可以鼓励现有民办职业院校进行股份制改造；鼓励社会资本按照"入股自愿、股权平等、利益共享、风险共担"的原则，新建混合所有制的职业院校。

职业院校探索混合所有制的有效形式

阙明坤[*]

在全面深化改革的背景下，探索发展混合所有制职业院校，有利于增强办学活力，提高办学效益，健全政府主导、社会参与、办学主体多元、办学形式多样、充满生机活力的办学体制。借鉴经济领域改革经验，混合所有制职业院校应当是由国有资本、集体资本、非公有资本等不同所有制的两个及以上主体共同出资举办的新型教育模式，其本质特征是产权结构、治理主体多元化，既包括二级学院探索的混合所有制办学模式，又包括学校层面的混合所有制探索。

当前，发展混合所有制职业院校至少可以探索以下五种实现方式。

一是公办职业院校引入社会资本。我国职业教育的办学体制以国家为主体，政府既是举办者又是管理者，还是评价者，这种以政府为主体的办学体制使举办主体之间力量比例失衡，职业院校发展模式僵化、缺乏活力，难以适应市场变化需求。当前公办职业院校可以尝试引入社会力量，参与重大项目建设，参与校企合作。公办校引入社会资本有多种形式，既包括引入国有企业资本，例如，中山火炬职业技术学院与中山火炬工业开发总公司联合共建生产性实训校区，将场地、设备、资金、技术、专利、人才划分成若干股，公司、学院、入驻企业分别选持股份，持股各方按一定比例分配红利，创造了"多形式参股"的实训基地建设模式；也可以引入民营资本，例如，沈阳职业技术学院成功引入民营企业投资6500万元，共建国家示范性软件学院；还可以引入行业资本，例如，温州职业技术学院以行业企业为依托，联办二级学院、共建专业、共建课程、共建实践基

---

[*] 作者系无锡太湖学院高教研究所所长。该文载于《中国教育报》2015年3月26日。

地，都是成功的探索。

二是民办职业院校引入国有资本。民办职业院校体制机制灵活高效，市场反应灵敏，但普遍存在办学资金短缺、融资渠道单一、对学费依赖性大、缺乏发展后劲的现象。对此，可以探索引入国有资本参与办学，减少学校投资压力，发挥国有资金的引导作用和社会诚信效应。2012年，民办高校紫琅职业技术学院引入江苏省教育发展投资中心，占股5%，成为有国资参与的"混合所有制"学校，在学校升本的关键时期，给予1000万元的资金投入，使学校的美誉度得到提升。

三是公办民办职业院校委托管理。委托管理指办学相对困难的学校将管理事务交给更具专业能力的机构，从而提高管理效益。受委托管理的学校，其办学体制、学校性质、经费投入、教师编制、收费标准不变。这一模式最早可以追溯到2004年上海浦东新区率先实行的委托管理，其将薄弱公办校委托给独立的社会教育管理机构管理，并取得明显成效。在职业教育领域，民办职业学校委托管理公办职业学校已有探索。例如，民办高校齐齐哈尔工程学院委托管理公办的甘南县职教中心，构建了多元化的产权关系格局，既保证了国有资产的保值增值，又建立起灵活的激励制度，带来公办学校所不具有的办学活力和效率。除了民办院校委托管理公办院校，公办职业院校也可委托管理民办院校。例如，公办高校厦门理工学院入驻民办院校厦门软件职业技术学院，获得该校的控股权，双方签订协议，师资、设备等方面资源共享，厦门理工学院校长担任厦门软件学院理事会理事长。展望未来，公办、民办职业院校互相委托管理这一模式将在探索中进一步得到推广。

四是不同资本合作投资新办职业院校。由公办院校、国有资本、集体资本、民营资本、外资共同投资新办学校，是探索混合所有制学校的又一种形式，其中以独立学院为典型代表。独立学院作为中国高等教育办学体制创新的产物，是由公办大学与社会组织或个人合作利用非国家财政性经费举办的一种新型办学模式，既充分利用了公办高校的资源优势、师资优势、管理优势，又充分发挥了民间资本的资金优势、机制优势、市场优势，企业负责投资建设独立的校园、校舍，投资购置办学设备及各项硬件

三、专家视点篇

办学条件，公办大学负责教学管理和教学组织，从办学伊始就实现了高起点、跨越式发展。独立学院这种办学形式带有混合所有制的基本特征。在高等职业教育领域，也可以大力借鉴这一模式，整合公有资本、非公有资本联合投资新建职业院校。目前，已有按照该模式创办职业院校的先例。例如，海南职业技术学院由海南省教育厅、海口农工贸股份有限公司和海南广播电视大学共同出资举办，三方办学主体的代表组成董事会和监事会，实行董事会领导下的校长负责制，内部运行管理遵循教育要求并参考企业管理模式。苏州工业园区职业技术学院由4个大中型企业买断控股，完全按股份制运作，企业、高校和政府在董事会席位中分别占到67%、26%和7%。

五是PPP共建职业院校基础设施。公私合作伙伴关系（PPP）是政府与市场组织、非政府组织、个人合作提供公共产品的一种制度设计，20世纪90年代由英国率先提出，继而在西方发达国家和发展中国家广泛运用。教育领域公私合作伙伴关系是政府公共部门和社会资本建立合作关系，提供教育服务以促进教育发展的一种新模式。双方通过协议明确各自的权利和义务、风险和收益，典型模式有英国的私人融资计划、澳大利亚新南威尔士州的新学校项目、美国的特许学校和契约学校、菲律宾的学校领养计划等。当前，发展混合所有制职业院校，可以借鉴PPP模式，公私联合开展职业院校图书馆、体育馆、实验室等校园项目建设，实现资源共享。例如，哈尔滨市职业技术学院实训基地由政府提供土地和师资，由企业投入资金和设施，收取学费收入，既缓解了政府投资压力，又为企业开辟了一条投资公共服务事业、获取稳定收益的新渠道。四川工业科技学院初迁到德阳市罗江县时，当地县政府以拆迁成本1/4的低价提供学校建设用地650余亩，还投入2450万元在校园内共建图书馆、体育馆、体育场、军训基地等，这些场馆设施既为师生所用，又向市民开放。

一切事物日趋完善，都是来自适当的改革。发展混合所有制职业院校是一个新生事物，是办学体制改革的重大创新，与其他改革一样，混合所有制职业院校改革不可能一蹴而就，没有多少现成模式可参考，也不可能照搬其他国家的做法，其道路必定曲折而坎坷，只能根据国情在实践中进一步摸索，不断完善。

探索混合所有制职业院校的几点理性思考

安蓉泉*

2014年《国务院关于加快发展现代职业教育的决定》（以下简称《决定》）提出"探索发展股份制、混合所有制职业院校"以来，高职教育管理者及专家学者、国有院校和民办机构都表现出很大热情。这里有对突破目前困扰职业教育各类问题的憧憬，有对职业院校以往校企合作激发的路径依赖，也有因对"混合所有制"内涵、条件缺乏推敲带来的盲目乐观。"混合所有制"既是一种社会经济成分，又是一种资本组织形式。这个概念首先在职业教育领域提出，与职业教育的办学定位和体制机制有直接关系。职业教育是指让受教育者获得某种职业或生产劳动所需要的岗位知识、技能和职业道德的教育形式。与传统意义上以纯粹学校教育为主的办学模式相比，职业教育只有实现了以企事业单位、公民个人及学校等多元主体的混合办学模式，才能真正达到教育与生产劳动、职业知识和技能的深度融合。

就目前国内职业院校"混合所有制"的实践看，大体有三种类型：第一种是"原发型混合"，如苏州工业园区职业学院、海南职业技术学院等，在建院之初就确定了多家参与、共同兴办的合作框架。第二种是"后发型混合"，如江苏紫琅职业技术学院，2000年成立时的办学主体为江苏江海科教开发公司，2012年引入了江苏省教育发展投资中心资本，成为有国资参与的"混合所有制"院校。第三种是在公办院校的二级部门进行的"初步混合"的实践，如杭州职业院校的电梯实训基地，经学校、企业、政府

---

* 作者系杭州职业技术学院党委书记、教授。该文载于《中国高教研究》2015年第4期。

三、专家视点篇

三方协商议定收益比例和权利义务后开始合作。分析这三种类型不难发现，混合所有制职业院校的探索实践，目前主要集中在非公办职业院校范围进行；公办职业院校限于体制和政策因素，混合所有制的实践迄今尚未"登堂入室"成为学校层面的现实。这也正是"探索发展股份制、混合所有制职业院校"政策出台后引发热议但进展不快的基本背景。把"混合所有制"这样一个经济学概念借用到职业教育领域，有些前提性、现实性问题值得分析。

一、明确探索混合所有制的"主体"

国务院提出"探索发展股份制、混合所有制职业院校"实施主体的产权性质主要是哪种类型？是国有还是民办职业院校？实施"混合"的主体不同，"混合"的动机和目标差异较大，结果也会不同。

（1）从职业院校的性质看，技能培训的特质决定了职业院校需要和企业建立密切合作关系，实现专业服从市场、真实生产锻炼、企业师傅帮带的培养模式。公办职业院校虽与政府具有天然的联系，但和企业由于缺乏资产纽带连接，使现有的"校企合作"事实上缺乏利益共享、风险共担的体制保障；"校企合作"的深度和持久性，很大程度上受制于合作企业的眼光、胸怀和积极性等"非物质"因素。中央提出"探索发展股份制、混合所有制职业院校"，主要是针对具有政府背景的公办职业院校增添"企业背景"的扶持政策。

（2）从公办职业院校目前面临的主要问题看，校企合作质量不高是制约专业调整、双师结构、真实项目乃至教学质量和社会服务水平的根本原因。如果公办职业院校和企业有了资本纽带连接的实质性合作，困扰职业教育的市场信号、真实生产、师傅帮带、最新设备等一系列难题都能迎刃而解。

（3）从民办职业院校的特质看，其本身由企业投资，和企业有着天然的连接，市场意识很强。主要困难在于资金瓶颈、政策资源和社会认可度较弱。在这个意义上，一些业内人士和学者把发展股份制、混合所有制看成民办职业院校的一次发展机遇，认为"将有利于社会资本扩大投资、兴办和改进更多的职业教育院校,相关上市公司有望迎来政策利好"。这种理解虽然有一定的合理成分,但是,没有准确把握中央这一政策针对的主要"对象";没有顾及基本教育产品的"非营利"性质;没有分析在不同产权主体构成的民办院校已风靡全国的情况下,国家探索"混合所有制"主要不是针对民办职业院校,而是针对公办职业院校相关探索尚未破题的情况提出的。

当然,《决定》对于民办院校"混合"国有资本以及原发"混合"的院校扩大资本合作和争取政策资源,也提供了发展机遇和广阔前景。但是,如果公办职业院校由于种种制约"混合"实践迟缓,而民办职业院校因此加快了吸纳国资的步伐,《决定》的主要政策意图就没有得到充分落实。

二、弄清探索混合所有制的"目的"

公办职业院校探索混合所有制的"目的",直接关系到国有教育资源与合作企业如何"混合"以及"混合"到什么程度。当前大型国企要加快"股份制、混合所有制"改造的目的,不是因为缺钱需要吸引民资来救急,而是因为混合所有制改革事关庞大而僵化的国资能否"断奶"和焕发市场竞争力;而一些独资民营企业出让股权搞资本多元化,目的和国企不仅不同,并且存在填补资金不足、减少市场风险、融资上新项目、攀"国资高校"争取政策资源等多重动机。由此可见,国有和民营机构的"背景"和"局限"经常是互逆的。如果国家要求职业教育探索"混合所有制"主要是针对公办职业院校的,其直接目的就是推动公办职业院校与企业建立持久深入的利益纽带关系,探索解决目前职业教育校企合作缺乏资本纽带、机制保障的根本方法。引进资本、技能、人才、管理等当然也是目的,但这些都是依附于资本连接、企业引领这个大目标下的具体目标。一些人在理解国家"探索发展股份制、混合所有制职业院校""允许以资本、知识、技术、管理等要素参与办学并享有相应权利"等精神时,提出这种探索是为了"高职教育建立市场机制"、是为了"实现'管办评'分离……减少政府对教育资源的行政性配置",甚至提出"试点部分公办职业院校'转制',减少或停止财政拨款,改用民营机制",这些把纯粹针对竞争性产品的国企改革"术语"直接搬用到教育领域的观点,存在如下逻辑问题。

(1) 如果笼统地提出在"高职教育建立市场机制",那就等于要在"总体上"放弃教育的公益性,等于要重拾在中国教育领域曾遭到诟病、前些年已放弃的"教育产业化"提法。如果那样,职业教育的学费、杂费肯定会进一步升高,千百万来自农村贫困家庭孩子的高职"大学梦"就会破灭。至于一些研究者提出的"美国高中后职业培训学校只有少数是公立性的社区学院,大多数是私立性质,二者的比例为1∶6……用市场的力量来办学",这里忽视了一个基本事实:欧美国家的税收制度、捐赠文化有力支撑了民办院校市场化办学的道路。欧美的经验应该学习,但在目前还不具备类似条件的情况下笼统提出把公办职业院校"推向市场",要么会使学校的发展受到资金限制后劲不足,要么可能导致办学主体更多关注"资金回报"而有意无意地牺牲"教书育人"的教育宗旨。

(2) 如果要靠推动混合所有制"实现'管办评'分离,减少政府对教育资源的行政性配置",就无法解释民办职业院校反而希望和公办职业院校"混合"以得到政府资源支持的行为,也没有抓住政府对职业院校"管办评分离"的核心问题,即明确管、办、评三方的法律边界、完善管理规范、制定大学章程和培育独立运作的教育中介组织,没有这些条件,"管办评"分离既缺乏依据也没有操作可能。

(3) 如果是为了在"高职教育建立市场机制""减少政府对教育资源的行政性配置",那进入到公办职业院校的外来资本应该越多越好,但那样有可能改变公办职业院校的特征和功能。至于那些建立之初就经过协商形成的政、企、校"原发的"混合所有制职业院校,与公办职业院校相比,后者承担的公益性功能、"混合"时面临的法律和政策问题都差异很大,无法简单类比。

三、加快推进探索混合所有制亟待开展的工作

《国务院关于加快发展现代职业教育的决定》颁布后,公办职业院校

"混合所有制"改革出现的热议多实践少、热情高能力低的现象，不是偶然的。相对于国企改革较长时期的理论准备和政策扶持，职业教育探索"股份制、混合所有制"的课题才刚刚提出，需要做的前期工作很多，目前还不能对公办职业院校的相关"探索"有太高期望，各地也不可用行政命令方式"硬推"。但同时，又需要以积极的态度和举措推进这项重大改革向纵深发展。

（1）推动核心问题的研究工作。公办职业院校要在资产配置、权利所属方面进行"混合所有制"尝试，必然涉及职业院校一系列管理方式的调整及由此引发的问题和对策研究。法律问题、配套改革很重要，而首先还是一些基本认知问题：一是职业院校的"混合尺度"及利弊分析。非公资本是否可以控股职业院校，这关系到决策权力的行使方式，是国资管理部门和非公资本业主最为关心的问题。二是职业院校的大体分类、开放度把握和利弊的调控，这关系到作为公办职业教育投资部门的政府对"混合"实践"放权"的决心和分寸把握。三是根据利弊分析和分类开放，提出"混合"实践的工作步骤。从目前职业院校有限的"混合"经验看，公办、"混合"院校各有长短，谁来控股都是"双刃剑"。公办职业院校的突出问题是缺乏企业参与办学的利益纽带连接，真实生产环境和"双师"结构普遍不到位，但政府扶持力度和学费额度相对容易保证与控制。"资产混合"的职业院校或独立学院市场意识、服务能力相对较强，独立决策能力也较强，但容易受到资金回收、"盘活土地"等利益驱动的制约，同时争取政府财政支持的难度也较大。为了根据实际情况趋利避害，需要组织力量对职业院校进行分类研究，提出不同阶段对公办的和"混合"后已非公办的职业院校分类放开、分类管理（或"调控"）的操作规定。

（2）酝酿和研究出台相关法律。在《教育法》《高等教育法》《民办教育促进法》《职业教育法》等法律没有修改前，建议在重要专业（行业）和重要地区，对公办职业院校探索混合所有制先行试点，在试点基础上，针对混合所有制职业院校出台专项法律法规，并完善和加快相关行政法规制度的实施。公办职业院校实施混合所有制后的法律地位、法人属性、治理结构、产权归属、监管方式等如没有相关补充法律支撑，将直接

三、专家视点篇

影响职业院校"混合"实践的推进效能甚至成败利钝。如从"混合"的动机以及结局看,混合所有制职业院校必须建立现代治理结构(或言"调整"治理结构),而调整的前提是职业院校要成为独立的法人主体。但公办职业院校的"独立"是相对的,党委书记、校长等管理班底作为相应一级组织部门管理的干部,"混合"后怎样处理独立决策和"对上负责"的关系需要有法律界定,甚至根据院校"混合"的程度,管理班底产生的依据和方式也需要研究和说明。这里的核心问题在于:第一,民营股份怎样注入和国有股份比例如何下降,民营资本进入后如果没有话语权,不会积极参股。第二,公办职业院校的领导班子是任命的,混合所有制后,社会资本的动力怎样保证、怎样推动其适应这样的体制?第三,混合所有制院校的"决策权、收益权、监督权"等根本问题,最终怎样科学界定和实施。

(3)酝酿研究相关配套改革。职业院校从原来隶属于国有企业产教深度融合,到后来和企业"脱钩"由教育部门主管产教分离,再到今天欲与企业"资产联姻"实现新的产教深度融合,这是一个典型的螺旋式上升的过程,这种"混合"实践涉及教育治理及国资管理方式的大变革,牵一发而动全身。根据国有企业改革的经验教训,组织力量抓紧对职业院校"混合"后的监督机制、保障机制以及政府扶持机制等配套政策和实施细则的研究制订,是稳健改革、避免折腾的重要前提。如监督机制,目前公办职业院校和市场"接轨"程度还不高,由于有公办单位员工"主人翁"意识制约、各种"学习教育"以及上级纪委审计部门的巡查,一般说还比较规范。而资产"混合"后,其内部治理结构则势必既不同于国资公办也有异于私立院校。根据股本结构的不同,既存在民营资本利益被国有股东侵占最终导致民资不得不愤而退出的可能,也存在由于国、私股东对其代理人激励机制不一致,导致国有股权代理人与私人股东"合谋"引发国资流失的风险。由于职业院校不是经济实体,不必用经济指标衡量得失,因此在与民资合作时,管理者很容易牺牲国资利益满足私企要求而"分一杯羹",然后冠冕堂皇地以教育产品的"生源""质量""全面发展"等难以量化的理由粉饰太平。因此,对于"股份化"了的职业院校,国有资产部分的权益，需要通过健全国有资产审计体系、完善代理人绩效考评办法以及引入专业的第三方审计师和人力资源咨询公司等，提高对国有教育资产保值增值的监管能力。

（4）放开"二级部门"大胆探索。在积极推进重大问题研究、法律政策建设和相关配套改革的同时，"混合所有制"不能因为上述工作的完成要一个过程就停下来。从目前的政策环境和院校实践看，把这项工作的着力点先放在公办职业院校的二级部门，以学校资产管理公司为依托，以培训合作、技术服务、产品经营等"合作项目"形式推进，有两个好处：一是学院层面保持原有全资公办地位，为"混合"实践奠定了不突破现有法律、不涉及敏感政策的改革大环境。二是二级部门建立校企资产纽带意义上的深度合作，对于学校层面改革可以积累一些可资借鉴的问题、矛盾和经验。同时，二级部门在探索中，如操作不当出现问题，学校党政班子出面解释或承担责任，会有较大回旋余地。当然，二级部门的"混合所有制"实践也存在其不是独立法人、不涉及学校层面治理结构改进、"混合尺度"大小对学校层面借鉴意义有限等不足，因此二级部门的"混合"实践，一开始就要注意以下3个问题。

第一，学校层面要学会放权，给予二级部门尽可能充分的决策自主权，促其解放思想大胆尝试，以充分积累实践中的问题和对策经验。

第二，学校层面也要深度参与其中，一方面按照现代治理的理念，在股份结构、管理团队、权利义务、监督机制以及风险防控方面给予指导提醒；另一方面从社会主义高校改革的实际出发，注意研究"混合"的决策机构与原二级学院党政联系会议、教代会等议事机构的衔接过渡方式，在努力保证其稳健改革的同时，也直接为学校层面的改革积累经验。

第三，尽管过去职业院校的校企合作比较普遍，但这种合作由于没有资产纽带连接和难以实现真正的"利益共享、风险共担"，因此在"二级部门"资产合作的初期，"一步到位"不容易达到双方满意，最好有一年左右的"过渡期"。在这个时期，为保护企业合作热情、保障学校合法权益和不必让上级部门"承担风险"，股份比例、决策方式以及利益和风险防范方式等，可以根据双方意愿作初步协商，不做最后定论。待"过渡期满"合作顺利和效益初显,再根据实际投入、资产评估、效益估算以及可能出现的问题等,依法、正式商定双方股权比例和权利义务,并按照程序,向上级国资管理部门提出以"混合资本"兴办职业教育项目的申请报告。

(5)适时出台推动改革的"指导意见"。在上述各项研究和改革基础上,由教育主管部门出台《推动混合所有制职业院校改革的指导意见》(以下简称《意见》)。《意见》的基本功能,一要明确公办职业院校实施混合所有制后的法律地位、法人属性、治理结构、产权归属、监管方式的补充法律依据;二要提出公办职业院校探索混合所有制的分类原则、扶持政策以及实施的基本操作程序;三要提出公办职业院校"混合"后的决策机制、监督机制以及保障机制等的操作规程和实施办法;四要根据各地经验提出实践中要注意和防止的各种倾向性问题。

参考文献

[1] 姚轩杰. 职业教育放开,市场规模扩大 [N]. 中国证券报,2014-06-24.
[2] 王振洪. 混合所有制:企业参与高职教育的有效途径 [N]. 中国教育报,2015-01-22.

发展混合所有制职业院校的问题对策与实现形式

童卫军　任占营[*]

作为与产业经济有着天然联系的职业教育,当前困扰职业院校的"产教融合、校企合作"长效机制尚未形成;目前以创新体制机制为首要任务的国家骨干高职院校,其办学主体多元化仍然没有实质性突破。"混合所有制"职业院校一经提出,就引起广泛热议,有的认为混合所有制办学"大有可为",应积极试点、大胆探索;有的则认为在现有政策不清晰和法律不完善的情况下"不宜太冒进"。根据网上公布的各省高等职业教育质量年度报告显示,全国近20个省份在政府文件中明确提出要积极探索混合所有制职业院校,教育部《高等职业教育创新发展行动计划(2015—2018年)》(以下简称《行动计划》)任务(项目)承接一览表显示,有22个省(区、市)提出关于"混合所有制"的项目。然而,分析各地职业教育工作会议出台的文件,"混合所有制职业院校"的实际政策推进相对缓慢,很多都还停留在文件或计划上,真正在职业教育领域开展混合所有制试点工作不多,很多探索在遇到核心问题时因政策不明朗而停滞不前。民办教育先发地温州市原本计划在全市职业教育会议上印发《关于职业院校开展混合所有制办学改革的实施办法》,但最终也因为条件不成熟而搁置,一些职业院校探索二级学院股份制改革最终也因为"或多或少存在关联交易和灰色套利行为"而取消。

笔者认为,"混合所有制"是职业院校创新体制机制、突破校企合作

---

[*] 作者童卫军,天津大学教育学院博士研究生,温州职业技术学院外事办主任兼党院办副主任、副研究员;任占营,教育部职业教育与成人教育司高职发展处副处长,博士。该文载于《高等工程教育研究》2016年第5期。

瓶颈的必由之路，实行混合所有制的体制有利于职业院校更加贴近产业需求、跟上社会步伐。探索发展混合所有制职业院校，首先要把握提升人才培养质量这一基本核心要求，着力解决办学性质、产权关系、治理结构三大问题，在现有政策条件下积极探索有效的实现形式和途径。

一、提高人才培养质量是发展混合所有制职业院校的核心要求

关于混合所有制办学的诸多讨论，很多是从办学投入视角来研究，即更多地关注如何吸引社会力量投资办学。所谓混合所有制职业院校可以理解为两个以上不同性质的所有制主体通过以资本、场地、设备、人员等有形或无形资产"入股"的方式共同举办的职业院校，即国有资本与集体资本、私有资本、外资等不同资本中的一种或几种混合，共同举办职业院校，实现产权主体多元化。其核心要素应包括两个方面：一是国有资本与非公资本中的一种或几种的混合；二是混合所有制的主体必须为独立法人，参与各方按出资比例享有相应股份，产权明晰，实行董事会管理等。而实际上，国家鼓励探索混合所有制办学，虽然有吸引更多社会资金投入职业教育的初衷，但主要还是从激发办学活力、提高人才培养质量出发。高职三年行动计划在"探索混合所有制办学"条目中则以办学体制改革为主，多次提到激发公办高等职业院校办学活力、扩大优质高等职业教育资源，其核心要求在于提高职业院校的人才培养质量。

当前校企合作存在的主要问题是企业参与合作的利益得不到保障，因此通过混合所有制办学制度创新，调动企业参与职业教育的积极性，以现代大学制度的形式明确企业在办学中的职责与权益，真正发挥企业办学主体作用，使校企合作以一种权责更加明晰的现代治理结构形式固化下来。从这个意义上说，在确保国有资本不流失的基础上，只要有利于提高人才培养质量，任何形式的混合所有制办学都是值得尝试的。

实践证明，实行混合所有制的办学体制，有利于推进"管办评"分离，完善内部治理结构，从而建立现代大学制度，更快地转变办学机制，并能更好地限制公办职业院校容易碰到的不当的政府干预，提高办学自主权；有利于职业院校和各种投资者，包括国内和国外不同类型的利益相关

者进行更大范围、更有利于学校发展的合作；有利于职业院校为了发展更好地融资及整合各种资源，调动更多的社会资本投入职业教育；尤为关键的是有了行业企业的实质性参与，有利于发挥行业企业优势，把企业最前沿的知识技术和资讯吸收到职业院校的课堂教学中，从而真正提高职业院校的人才培养质量。这种体制机制强化了市场主体地位和发展空间，当然有利于职业院校与产业同步发展。

二、发展混合所有制职业院校的主要问题及对策

当前，在国家引导支持社会力量兴办职业教育的大背景下，各地职业院校积极探索混合所有制办学，这是党的十八届三中全会提出"让市场在资源配置中起决定性作用"这一科学论述在职业教育领域的一次理论创新，也为职业院校进一步"创新体制机制、深化产教融合"指明了方向。探索发展混合所有制职业院校，要着力破解以下三大问题。

一是混合所有制职业院校的办学性质问题。法人属性是决定一个组织及其组成人员地位、待遇的根源性依据。现行《民法通则》规定，法人机构包括企业法人、机关法人、事业法人和社会团体法人。理论上说，混合所有制职业院校既不是传统的民办院校，也不完全等同于公办事业单位，其办学性质还有待进一步明确。一些学校，如南通理工学院、贵州航天职业技术学院虽登记为事业法人，但学校教职工不具备事业编制；而有些混合所有制院校虽然登记为民办非企业法人，却又核定了事业编制。这些法人定性导致学校既享受不到作为国家公益事业应当享受的优惠政策，甚至在一些地方还要作为企业被征收各种税收，在办学中受到各种歧视。由于法人属性界定不清，使社会和政府部门对是否使用公共财政支持混合所有制办学存有疑虑，认为支持混合所有制办学存在国有资产流失的嫌疑。

关于法人属性问题，笔者认为混合所有制院校是相对单一所有制学校而言的一种办学类型，不应将其列为既非"公办"又非"民办"的第三种办学类型。在法人登记上，建议职业院校进行混合所有制改革后身份应进行分类登记，营利性混合所有制院校登记注册为企业法人，实行"负面清单"管理，放松准入制度；非营利性混合所有制院校登记为事业法人，根

据国有资产所占比例不同可以分为公办事业法人和民办事业法人,与纯公办职业院校具有同等法律地位,依法享受相关教育、财税、土地、金融等政策。同时,明确规定国家对混合所有制学校的经费支持,根据其办学绩效实行"分级"经费补贴,办学绩效的考核指标包括在校生人数、本地就业人数、社会服务收入等。

二是混合所有制职业院校的产权归属问题。当前,参与混合所有制的非公办学主体都有投资办学的心理,希望在公益奉献和资产积累方面实现双赢。但是,由于教育的公益性和非营利性质,导致个人或企业主无法从混合所有制办学中取得合理报酬。《教育法》《民办教育促进法》及其相应实施条例均规定,教育"不以营利为目的"。但是,社会资本与公办院校进行混合,一般都有利益回报要求,举办者迫切希望在办学积累、合理回报、产权流转等方面能够拥有充分权益,教育行政部门和专家学者也认为要健全这方面的法律法规,明确举办者利益诉求的获取办法。

2010年以来的温州民办教育综合改革试点,明确规定"非营利性民办学校可从办学结余中提取一定比例的经费,用于奖励出资人"。建议各地可探索出台相关规定,明确混合所有制职业院校"可以从办学结余中取得合理回报",允许混合所有制职业院校在剔除国家政策性补贴后,拿出当年办学收益的20%作为合理回报,但回报的年奖励金额不宜超过出资人累积出资额为基数的银行一年期贷款基准利率的2倍。同时,要建立健全职业院校产权保护和流转制度。首先要进行产权界定,明晰产权归属,可邀请第三方评估机构对学校资产尤其是无形资产进行正确评估与核算,明确资产存量与价值。只有在产权清晰的情况下,才能有效避免国有资产流失,调动民营资本投资积极性,明确院校知识资本和人力资本的价值,为产权变更和股份制改造提供有效依据。其次要探索建立适于教育的产权交易市场,为学校合并、股份转让等资本转移和生产要素流动搭建公平竞争、流通有序的平台,实现投资者的利益回报和资本高效率流转。

三是混合所有制职业院校的法人治理结构问题。《高等教育法》第三十九条规定高校党委为高校最高权力机构,实行党委领导下的校长负责制。混合所有制职业院校作为一种特殊的高等院校一般应建有董事会或理事会，如果实行董事会领导下的校长负责制，则与公办院校党委领导直接冲突。从目前看，现有探索普遍忽视办学主体的实质性重组，没有厘清党委会与董事会或理事会的关系，缺乏在法人治理结构优化方面的系统思考。混合所有制职业院校的治理结构需将党委领导下的校长负责制与董事会制有机结合，实行"党委领导，校长负责，董事会监督"的治理模式。具体而言，党委为最高决策机构，职业院校重大事项有学校党委会或常委会按照党的民主集中制原则，就学校内部组织结构调整、内部重要领导干部任免、年度预算决算等事务进行科学决策。校长为学校行政长官，全面领导高职院校发展，负责学校日常管理。董事会为审议监督机构，一方面，董事会对党委作出的重大事项保留审议权，通过审议在决策阶段加强监督；另一方面，董事会对学校行政进行监督，通过审议和监督能够有效预防决策失误以及职权滥用现象的发生。

三、探索混合所有制职业院校的主要实现形式

发展职业教育的事权在地方，在职业教育领域，混合所有制改革是一项相当复杂的系统工程，在国家层面不可能一下子完善相关法律法规，也不可能很快建立起学校产权制度和产权交易市场。对混合所有制职业院校的实现方式、管理模式、产权交易与收益分配等，迫切需要地方政府和相关办学主体积极探索、勇于创新，努力在多元投入、多方治理、多样发展上闯出一条新路，通过地方的成功实践形成案例和制度，从而最终为国家层面的政策和法律的出台积累宝贵经验。

相对于单一所有制高职院校而言，根据不同所有制所占股份的比例不同，混合所有制职业院校可以分为两种：一种是公有制为主的混合所有制职业院校和以非公有制为主的混合所有制职业院校；从不同办学层次上的混合，可以分为：学校层面的混合所有制职业院校；另一种是学校内部二级办学机构层面的混合所有制，即混合所有制二级学院，并以法人资格出现。无论是何种形式的混合，笔者认为，发展"混合所有制"不仅是民办职业院校的需要，其中更多应该是公办职业院校的努力方向，而"混合所有制"改革核心价值正是为了激发公办职业院校办学活力。鉴于此，在国

家法律尚未明确的前提下,各地职业院校的"混合所有制"办学改革可以通过以下三种方式去探索:一是公办职业院校引入社会资本;二是社会力量举办职业院校引入国有资本;三是不同资本合作投资新办职业院校。本文试对上述三种方式进行分析,并提出主要的实现形式。

(1)公办职业院校引入社会资本。公办职业院校通过改制主动引入民营、个体等社会资本,举办混合所有制的职业院校,以充分激发公办职业院校的活力。此种模式一般是以"公有为主、民有为辅"的混合所有制,其优点是虽然采取混合所有制办学,但并不改变学校原有的公办学校性质,学校原有的财政拨款渠道不变,原有教师身份可保持不变;缺点是产权归属不清,公办职业院校领导担心混合所有制改革是否会造成国有资产流失,改革失败是否会被追责;民间资本也有顾虑,因为不处于主导地位,怕失去话语权,往往会缺乏积极性和动力。在这里,还需要探索建立社会资本准入职业院校"负面清单"管理模式,明确规定哪些职业教育领域中的社会资本不能进入,哪些领域允许社会资本参股,以此打破垄断壁垒,发挥市场在资源配置中的更大作用,激发社会力量投资职业教育的活力。主要有以下三种实现形式。

①优质公办职业院校吸引社会资本实现不同层面的混合。优质公办职业院校引进企业优质资源,形成产权关系上的"混合"。此种模式可以在学校层面上实行混合办学,也可以是二级学院层面的混合。目前,各地探索的主要还是二级学院层面的混合所有制,比如,江西计划预算投入2000万元建设4个省级混合所有制二级学院,福建2016年试点支持公办职业院校与企业合作举办混合所有制性质的二级办学机构。《行动计划》明确指出"鼓励举办具有混合所有制特征的二级学院、鼓励建设股份合作制度工作室"等,即"通过将土地、校舍、设备等要素以作价入股的方式,将公办职业院校的某些专业或系部交由行业、企业等社会力量举办",从而组建混合所有制性质的二级学院。比如,杭州职业技术学院与达利有限公司、友嘉实业集团等企业合作共建达利女装学院、友嘉机电学院等7个具有混合所有制性质的二级学院;沈阳职业技术学院引入民营资本6500多万元,与其共建国家示范性软件学院等。

②公办职业院校改制为混合所有制职业院校。《行动计划》提出试点社会力量参与办学活力不足的公办职业院校改革。这里的"办学活力不足"主要是指相对薄弱或是生源困难的公办职业院校，参照国有企业的改制办法，由举办方牵头对公办职业院校进行资产清算，将其部分股权让渡给学校管理者和教师，管理者和教职工拥有管理权及收益权，以此为突破口实现办学自主权改革，从而推动办学机制的创新。以苏州工业园区职业技术学院为例，建院初始，该学院属公立性质，后经三次改制，学院股东由企业集团、学校管理团队和相关政府职能部门等六方组成，形成以民间投资为主、政府引导、管理团队积极参与的混合所有制办学模式。需要指出的是，这里的"改制"不是改变公办职业院校的所有制，也不是简单的变卖学校资产。这其中主要目的是将学校的所有权与管理权分离，从而实现投资体制、管理体制和运行机制的转变。

③公办职业院校接管弱势民办职业院校。对于经营不善、办学困难或是生源不足的民办职业院校，可以由政府或教育主管部门对其资产进行清查，并责成办学较好的示范性职业院校接管。民办职业院校可以将校舍、设备等资产折合成股份入股公办职业院校。合并之后的混合所有制职业院校，原来的公办主体不变，管理决策权、处置权均不变，民办部分按其折合股份的占比享有一定的管理权，合并之后的院校中原民办职业院校的教师与公办院校教师可享有同等待遇。例如，公办厦门理工学院以持有69%的股份入主民办厦门软件职业技术学院，进行混合所有制办学。

（2）社会力量举办职业院校引入国有资本。社会力量举办的职业院校通过自身的优势和途径，吸引国有资本投资共同举办混合所有制的职业院校。此种模式一般是以"民有为主、公有为辅"的混合所有制，其优点是产权相对清晰、办学机制灵活、社会资本参与、办学积极性高；缺点是学校办学性质不清、财政拨款渠道不畅、国有资本如何保值增值、缺乏法律保障和动力、原有公办院校教职工担心混合所有制改革后自己的事业编制身份是否改变、由此引发的一系列待遇是否会随之消失，等等。民办高职院校担心因股比缩小或稀释而失去对学校的控制权，以往的投资被同化，失去话语权，合法权益难以得到保障。企业担忧在混合所有制职业院校的办学属性、管理体制、退出机制以及相应的资产管理、收益分配、质量监控、风险防范等具体制度尚未建立的情况下，企业在混合所有制办学中"利益共享易、风险共担难"。主要有以下两种实现形式。

①国有资本直接注资民办职业院校。当前，民办职业院校一直缺少国家财政的支持，很少能够享受财政专项和生均拨款政策。近年来，各地相继出台相关政策支持民办教育发展，比如，2015年重庆市对民办职业院校生均公用经费财政补助标准保持在1400~2000元；山东省开展非营利性民办职业院校教师社会保障与公办学校教师同等待遇试点等；各级各类财政专项也面向民办高职院校开放申报。所谓国有资本直接注资民办职业院校，指政府或教育主管部门对所辖范围内对当地经济贡献度大的特色优质民办职业院校注入国有资本，并享有民办职业院校的一定股份。以南通理工学院（原紫琅职业技术学院）为例，该校建校初始为民办性质，后引入江苏教育发展投资中心（系省教育厅直属事业单位）1000万元资金作为国资参股办学，其出资占股为5%，此外，江海科教开发公司持股58.64%，原举办者个人持股36.36%。2013年4月获得民办事业单位法人证书，后经批准升格为普通本科院校。

②民办职业院校托管低效公办职业院校。当前，一部分省份职业教育适龄人口呈现逐步萎缩趋势，个别公办职业院校面临生源危机。对办学效率不高的公办职业院校，尤其是部分国有企业举办的职业院校，教育主管部门可以对其资产进行清查，按就近原则将资产以股份的形式变卖给区域内优质民办职业院校，使之成为产权多元化的混合所有制学校。合并之后的混合所有制职业院校，原来的民办主体不变，管理决策权、处置权均不变，公办部分按其折合股份的占比享有一定的管理权，并保持国有资产的保值增值。例如，民办齐齐哈尔工程学院接受委托，代管公立黑龙江省甘南县职教中心，前者选派管理团队进入后者，并植入先进的管理模式。

（3）不同资本合作投资新办职业院校。公办院校、社会资本、外资等不同资本共同投资新办一所混合所有制的职业院校。此种模式以国有资本所占比例区分办学性质，其优点是新办院校，可以按混合所有制的要素设计办学，参与各方办公主体以土地、设备、知识、管理等要素作价入股，参与办学并享受相应的权利；新办职业院校可采用全新的治理结构、充分调动各方的积极性。主要有以下三种实现形式。

①地方政府、公办院校和行业企业混合办学。在一些经济发达但尚无高等职业院校布局的县级市，可以根据产业发展对高技术人才的需求，由政府出资征地、建校舍，吸引市级优质公办高等职业院校和行业企业参与组建混合所有制职业院校。地方政府以土地、校舍入股，公办高等职业院校以教师、人才、管理和专利等入股，并可享受原有公办生均拨款，行业企业则以真实的生产设备入股，这样地方政府、学校和企业发挥各自优势，能各取所需。地方政府吸引人才集聚，高等职业院校品牌复制扩大人才培养效应并服务县域经济发展，行业企业投入实训设备培养适用人才，从而实现多方共赢。例如，温州职业技术学院与瑞安市人民政府及区域骨干企业共建具有混合所有制性质的瑞安学院，瑞安市政府划拨土地并完成2.5亿元的基本建设投资，温州职业技术学院前期投入2000万元开办经费，并以优质管理和师资团队入驻办学，行业企业出资建设企业急需的人才培养实训基地，各方根据协议承担责任并享有相应的权利。

②地方本科、职业院校和行企企业混合办学。当前，一些地方普通本科院校主动向应用本科转型，可以根据区域对高技术人才的需求，由地方本科院校、职业院校和行业企业共同组建混合所有制职业集团，本科院校发挥学科优势注重理论教学，职业院校发挥实践教学的优势，行业企业发挥办学主体作用，全程参与人才培养过程，三方共同组建以行业为纽带的混合所有制职业院校，开展本科层次职业教育人才的培养。例如，民办安徽矿业职业技术学院（淮北矿业集团控股）与公办淮北师范大学和淮北神华理工科技有限责任公司，三方以40%、30%、30%的比例投资举办淮北师范大学信息学院，开展混合所有制办学，同时积极引进战略投资者，筹备组建包含中职教育、高职教育、本科教育和职业培训四大教育实体的教育集团。

③职业院校与境外职业教育机构开展混合办学。国际化是当前高职院校发展的方向，我国高等职业院校要主动服务国家"一带一路"战略，积极寻求与境外职业教育机构或相关行业、企业开展合作，服务企业走出去

培养当地本土化人才，以资本、技术、管理等要素参与混合所有制办学，可以在境内外办学，形成一批高水平国际化职业院校。例如，天津渤海职业技术学院与浙江亚龙集团共同出资，在泰国大城府大城学院建立"鲁班工坊"，就是很好的一种混合所有制办学的尝试。

当然，参照经济领域已经公布的各省市国资国企改革文件，混合所有制改革还可以有改制重组、整体上市或核心资产上市、员工持股等多种实现方式。2015年年底，作为第一家纯粹意义上的全日制高职院校举办者的湖南金侨教育投资管理股份有限公司拿到了股转公司的同意挂牌函，在《民办教育促进法》尚未修订完成的前提下正式登录新三板，给职业院校进入资本市场扫除障碍。但是，职业院校的混合所有制改革还有很长的路要走，需要国家政策的顶层设计、法律法规的修订完善，更需要地方政府和职业院校举办方的实践探索、试点突破。

参考文献

[1] 孟源北，樊明成. 发展混合所有制职业院校的若干思考 [J]. 中国高教研究，2016（5）.

[2] 胡卫. 混合所有制试点亟待规范 [N]. 中国教育报，2016-03-15.

[3] 安蓉泉. 探索混合所有制职业院校的几点理性思考 [J]. 中国高教研究，2015（4）.

[4] 朱卫国. 关于公办学校"转制"问题的思考 [J]. 教育发展研究，2005（7）.

[5] 王寿斌，刘慧平. 混合所有制：高职改革"市场化"探索 [J]. 教育与职业，2015（2）.

[6] 陈艳艳，阙明坤. 探索发展混合所有制职业院校研究综述 [J]. 中国职业技术教育，2016（12）.

[7] 阙明坤. 混合所有制职业院校大有可为 [N]. 经济日报，2014-09-16.

高职混合所有制实训基地运营模式研究

宋书彬 方 红[*]

近年来，中央财政、省级财政对职业教育支持力度大大增加，各种实训器材、实训室、实训基地逐年增加，教学实训场地快速拓展，校内实训条件得到了一定的改善。但总体上政府投入的资金不能满足职业教育的需求，高职院校依旧处于艰难的办学处境——一方面是社会认可度低；另一方面是高职办学经费捉襟见肘，缺乏对优秀人才的吸引力，办学水平受到影响。

如何摆脱以上困境呢？笔者以为创新高职办学机制，发展混合所有办学模式，是一个较好的解决方案。就高职院校的实训基地而言，以主动型模式进行日常管理与运营可以引导民间资本的进入，盘活并高效利用公共教育资源，扩大高职教育的影响力。在操作方面也获得了弹性管理，有利于高职教育持续发展。下面就主动型实训基地管理机制进行讨论。

一、当前国内高职院校实训基地运行情况

（一）实训基地建设类型多样，投入逐渐增大

自 2000 年以来，国家对高职学生的实践与实训环节日益重视，各地方政府也积极扶持。在此背景下，职业院校结合自身实际，在教育经费中提取专项资金，用多种形式加大实训基地投资力度，初步形成了"自建、共

---

[*] 作者宋书彬，河北武安人，河北工业职业技术学院副教授，经济学博士，研究方向为金融管理；方红，河北工业职业技术学院讲师，教育学硕士，研究方向为商务管理、社交礼仪。该文载于《职教论坛》2015 年第 6 期。

建、联建、援建、辐射、订单培养"等实训基地建设方式。

（二）模拟性实训基地的教学模式负面影响逐渐显著

在各类实训基地的建设模式中，自建方式最为常见。这种方式特点是政府定额资金支持加院校自筹资金，自主管理，场地一般均设在校内。它有利于按教学计划组织学生实习实训，易于依托专业形成教学特色，是实施产教结合较好的建设方式。

多年来，校企合作模式的实训基地由于涉及经济利益而发展层次不一，校内实训基地是多数院校的主要教学平台。受传统教育思想影响，实训基地的管理比较松散，以"教"为主，教师是课堂的主角，实训其实处于模拟状态。这种实训教育方式违背了高职实训的教学初衷，长远来看，实训基地（实训室）管理模式不进行及时改革将直接影响高职发展水平。当前管理模式的负面影响简要列举如下。

（1）师生定位本末倒置。至今仍有一些院校领导和教师将实训视为教学的有效补充。实训教学与日常课堂教学有明显的区别，实训主要是学生根据所学各种原理或技术自己动手、动脑，完成产品生产或特定技能操作，强调学生的主体性，教师此时是配角，以旁观者身份观察学生的动手、操作情况，从中找到问题，及时指导、评价总结，以达到学以致用的教学目标。

（2）制约学生的创造力。如果实训或实践以教师展示为主，学生偶尔动手或短时动手（怕损坏机器设备、担心教学成本过高等原因），不能成为学生的真操实练场地，直接影响了学生的学习兴趣。另外，模拟教学还将大大影响学生的发散思维与创新、创造能力。

（3）非生产性。实训基地的部分设备运行成本高，利用率低，实用性得不到发挥，师生在教学与学习活动中没有直接的价值创造，缺乏成就感。

只有在检验并完成了学生应掌握的操作技能环节，产出了真实产品（文理科专业的"产品"可能有不同），才是实训的根本目的。非生产性的模拟对高职学生是一个美丽的"陷阱"，道理很明显，没有真实的操作及真实的产出不能算实训——这也正是普通教育与职业教育的区别所在。

（4）实训基地的教学可持续能力弱。即便是模拟，在实训过程中也需要原材料、低值易耗品、水、电等成本费用，高职院校的教学费用本就极为紧张，设备维护经费不足正是形成一些院校的实训基地空置率高的核心问题。

（5）教学局限性与资源浪费。校内实训基地的教学服务只限于本校在校生，同类院校的学生、同行企业员工、社会公众，甚至本校的毕业生也被排除在外，在当前公共教育日益发达的形势下，公共投资的教育资源浪费令人惋惜。

与社会层面的市场竞争、人才竞争、技术竞争、产品竞争相距甚远，这种传统公有制财产模式管理，缺乏效率，使先进设备闲置、空转、无产出折旧直到报废。

（三）部分实训基地成为"面子工程"

部分院校的实训基地为建设而建设，为了获取好的声誉，为了应付教育部门各种检查，为了教育硬件达标。这种行为本质是应付，没有把实训基地在高职领域的根本性体现出来，实训基地成为招生宣传辅助工具，吸引家长注意力、吸引学生的眼球。在教学过程中，先进设施没有为基地、专业带来价值，导致资源配置失当，华而不实。

二、混合所有制实训基地自主发展模式内涵

为提高实训基地在教学工作中的利用率，提升实训基地的使用效果，在高职体系推出学校与企业共同出资，合作建设的混合所有制模式，并在实训基地应用自我发展模式是一种较好机制选择。

（一）混合所有制实训基地自主发展的内涵

本模式的内涵如下：（1）高职实训基地按照外向型、开放式理念运作，以教学和创业相结合，成为创业孵化基地，成为高职院校的标志性硬件。（2）在政府或院校层面，视实训基地为高职革新前沿，探索高职院校办学模式的试验区，应用各种倾斜政策在教学管理中主动引导，把实训基

地视为专业生存与发展的根基,并以此开发课程,发展专业,主动谋求专业生存与发展。(3)在教学团队层面,教师可将核心技能培养分解成一系列模块,实训项目由简单到复杂、由低端到高端,由练习、实验、见习、实习、设计等递增安排,建立一整套积木式知识模块,把实训基地建设成为新的教学、教法试验基地,主动创新教育、教法,培养创业型技能人才。(4)在学生层面,把实训基地视为技能练习、提高、创新的场地,努力培养主动创新、创业的意识,主动转换角色,崇尚创新与创业。

(二) 主动型实训基地运行框架

主动型实训基地运行框架的核心思想如下:学校就相关实训基地的建设对公众公布项目引资,找到合适的合作人(企业或自然人),由校企双方共同投入资金,共建实训基地,建成后以市场方式投入教学、实训、实践运营,并产生产品,从根本上解决高职实训基地经费拮据困难。

在运营中可能产生两种结果,一是运营成功,此时,用产生的效益回补学校、企业的前期投入,甚至可以成为新的独立企业,学校和原企业持有股份;二是失败,将实训基地关闭,并总结经验教训。

作为一种市场化的新机制探索,成功固然可喜,失败也应得到一定程度的包容,在这种机制的压力下,有利于教师更深刻的引导学生创业思维。

三、主动型实训基地管理机制设计理念

根据我国当前教育制度,高校不得使用国拨教育经费、科研代管费、基本建设费、专项拨款等预算内资金及用于学生和教职员工的各项基金作为经营性投资。但允许学校将闲置、富余及孵化高新技术企业确需的非经营性资产转为经营性资产。高职院校可以按照有利于高校科技产业长远发展、有利于国有资产保值、有利于高校产业规范管理的原则,推动主动型实训基地模式建设与发展。

(一) 主动型模式的动力源

主动型实训基地的动力源主要来自:(1)院校、教学团队、教师个人

对声誉、名誉的追求；（2）企业自身长远发展需要及人才（员工）培养需求；（3）高职院校专业发展要求与行业竞争压力；（4）经费压力及集体经济利益。

（二）政府部门积极引导，院校主动探索实训基地管理新模式

政府部门进一步放松高职办学制度约束，为突破现有高职办学思维提供环境；高职院校顺应当代高职事业的发展，落实国家对高职的新政策，灵活而务实的创新高职实训基地管理模式；基层教学单位引导教学站在重实践、重技术、重市场、重实用性的思路上，以主动型实训基地管理为试点，务实创新，探索专业发展新机制。以此达到提升办学水平，扩大行业辐射能力。

（三）加强竞争性，注重基地内部管理市场化

在实训基地建设的初始阶段，院校对实训基地管理市场化，用企业化模式来运营，让师生拥有双重身份，用"基地建设企业化"和"实践教学生产化"办法提升教育资源使用效率，以生产养教学，弥补实训的耗费，缓解办学经费压力。

同时，注重强化社会服务意识，引入外来资源，为同行业企业员工技能提升、考核、竞赛提供方便，扩大专业影响力。

（四）教学团队实训主动创新教法、勇于突破落后育人观

教学团队通过设计人才培养方案中的实训项目（实践教学任务）与校内实训基地对接，以教学（生产）项目为载体，以竞争加压力，分项承包，主动逆序设置课程，让教师技能与行业先进理念、高水平技能、操作工艺等及时有效对接，强化教师对行业发展的把控，以便始终站在行业前沿引导学生学习与实践，并实现实训基地企业化。

（五）引导学生完成两个"转变"

在实训基地，重构教学理念，突出工学结合，突出学生的主角地位，让实训基地变为头脑风暴室，学生不仅仅练习技能，还要进行技术创新。真正完成两个转变——学校学生转变为企业员工，"校园人"转变为"企业人"。

最终把实训基地建设成为生产车间、工作室、竞赛场，让学生在校期间就能很好地感受竞争气氛，体会市场真谛。

（六）主动创业孵化

在实训基地鼓励创新，崇尚试验，把教学任务与生产项目结合，把产品与企业创设结合，把学生身份与创业者身份结合，把实训与孵化相结合。

四、主动型实训基地进入与退出机制设计

主动型校内实训基地要建立与完善进入与退出机制，用期限法加大实训基地的产生价值能力。

（一）进入渠道

主动型实训基地初创期可以采用校企合作、企业支持（赞助）、项目引导、系部（教学团队）承包等方式引入竞争机制，形成实训基地管理机制上的外向型管理方式，弥补实训消耗，增加造血功能，为形成主动型实训基地的雏形提供制度环境。

（二）退出渠道

退出模式可以分为成功退出和失败退出。失败退出是由于各种不利的因素影响，实训基地退回传统的、普通的高职实训功能的制度安排；成功退出是实训基地运作良好，产生了经济效益，且不断放大职院校对其未来的一种制度安排。

成功退出可以利用 2000 年初我国对校办企业改制经验，应用成熟的现代企业制度对实训基地进行管理，具体机制参考如下。

（1）混合所有制企业管理模式。以股份管理，列于院校名下，院校控股，真正实现了校企一体化机制目标。达到校企融合"一体化"的理想状况，实现理实一体化、多种技能一体化、教师与师傅一体化。

实现此模式活动中，把学校管理费用、实训损耗、产品营销、实体公司发展等纳入考量，尤其是把握好在发展公共教育基础之上的员工的精神物质平衡，运行机制将更加完善。构建校内企业财务管理与相关方利益分

配均衡机制是真正实现"校中厂""厂中校"的基础,生产性实训、顶岗实习、创业培训等目标将在此系统内有效实现。

（2）独立为股份有限公司。实训基地运行良好,达到一定规模,但由于种种原因,须与院校独立。在剥离时,对公共投入的实训设施、设备进行价值（增值）回收;对人员（如教师身份的转变）安置等常规安排之外,必须强调保留校企合作的渠道,包括企业管理层到校任职、讲学,学校教师到企业实践、学生到企业实习、就业等多向流动渠道。随后,学校继续开拓新的实训基地,复制成功模式。

依法设立和组建高校资产公司。对于产业规模比较小的高校,可从现有校办企业中选择一个产权清晰、管理规范的全民所有制企业变更为高校资产公司。

五、主动型实训基地（实训室）模式的现实意义

主动型实训基地管理模式的创立,将对高职体系产生多方面积极的影响。

（一）创新高职院校办学思维

主动型实训基地的运作将改变高职被动教育模式,改变学校不能直接创造物质价值的传统教育模式,有利于突显高职特色,创建名品、名师、名校,提升高职内涵建设,为社会进一步提高对高职的认识,并为区分高职与普教提供现实范例,最终改变社会对高职行业的固有认识。

主动型实训基地可作为教育管理部门、高职院校进一步落实国家高职政策,深化高职改革,及制度创新、业务创新的切入点。

（二）调动各方积极性,立足行业前沿,激发创造力

主动型实训基地实现了教学组织与实训、实践的高效结合,推进"教学做"一体化,充分调动院校、系部、教师、学生甚至企业的积极性,在竞争和激励机制下,凝聚力量,激发创造力与创新力。使院校的专业立足行业前沿,创新技术,引导、引领相关技术发展,提高行业认证标准,使学校真正成为学校。

一个学校办学是否成功根本不在于校长或院长，而在于一线教师队伍。在主动型实训基地管理模式下，专任教师和学生均有双重身份：教师、专业技术人员；学生、企业员工。这种关系能够有效调动师生教与学的积极性，激发创造力。

（三）提高教学运营质量

此模式可有效提高高职的教育教学水平，为学生真正适应企业岗位提供帮助。主动型实训基地管理以企业化管理为目标，又区别于纯企业管理，有助于充分利用实训设施功能，提高设备利用率，增加学生（学员）实训课时，提高教育教学质量。

（四）避免校企合作中弊端

校内主动型实训基地建设可以有效避免校企合作中企业主导而重利的弊病。目前国内高职院校的校企合作项目问题重重，例如，企业主导并得利，学校被动，工科学生成企业的廉价劳动力，经济类学生多数只能在企业实习不能就业，医学类高职学生实习须向医院交费等。彻底解决校企合作中"企冷校热"、合作层次不高、可持续性不强等问题。

（五）实现实训基地可持续发展

通过生产性实训，不但为学生（学员）提供了实践机会，而且为基地产生了收入，派生了造血功能，为可持续发展提供物质基础，有效缓解职业院校办学经费紧张窘境。

六、主动型实训基地管理机制运行评价

针对新模式的实训基地，应建立科学的评估机构和评价体系。为此，可成立由政府教育部门、同行院校、企业、行业协会等参与的评估机构，在科学合理的评估指标体系内，对实训基地进行严格考核评估。

（一）对教学质量的提升评价

主动型实训基地的应用效果，首先须与专业教学质量的提升挂钩，针对教师教学与实践、学生理论学习与实际技能练习、学生实训与就业、技能竞争与创新、创业与孵化等环节进行综合考评。参考的指标可以有：成

绩合格率、优秀率、就业率、创业人数、技能比赛获奖水平、获奖人数等。

（二）对院校影响力提升的评价

评审的另一个方向可以从院校办学影响力角度衡量。其考量范围可以招生分数线高低、学生报名踊跃程度、学生就业难易程度、企业对学生的评价、在本地区甚至全国范围的知名度等为基础。

（三）社会经济价值创造能力评价

主动型实训基地的应用不但培养出了创新型的实用人才，还孵化出了企业（公司），除了产生不可直接衡量的传统的社会价值以外，还产生了可衡量的经济价值，其结果一目了然。

（四）模式的可持续性评价

主动型实训基地运行改变了纯消耗性的性质，甚至由成本中心变为利润中心，能够从根本上改变高职院校实训经费紧张困境，在精神、物质两方面都产生了正能量，能够充分激发基层教师教学的积极性，从而维持实体公司的可持续发展。

只靠有限公共财力投入，不能解决职业教育实训基地运转困难的窘境，如果想在根本上扭转这一困局，必须在办学模式、管理模式、教学模式上进行突破和创新，大力、大胆构建新型职业教育模式，突出主动型实训基地在高职人才培养中的作用。事实证明，固守传统的高职院校办学观念，重形式轻实效，已经远不能适应新形势对职业教育的要求，对传统职业教育模式，必须进行颠覆性思考，才能改变现状，找到突围的出路。

主动型实训基地可能成为高职院校可持续发展重要模式，它在传承技术技能、促进就业和创业方面有着得天独厚的优势，在教学管理、资产管理、经营管理、人事管理、财务管理等方面实现了协调与统一，从思想认识上得到突破、机制上得到革新，能够从根本上改变高职办学被动的现状。

参考文献

[1] 林红梅. 高职院校校内生产性实训基地企业模式运作机制的研究［J］. 职教论

坛，2013（6）．

［2］张建南．高职思政课项目实训教学模式构建探讨——以高职实训基地为基础［J］．职教论坛，2013（17）．

［3］杨群祥，熊焰，黄文伟．我国高职院校校内生产性实训基地建设的历程及思考［J］．高教探索，2011（5）．

［4］严中华．高职院校管理创新理论与实践指南［M］．北京：清华大学出版社，2011．

［5］教育部．国家中长期教育改革和发展规划纲要（2010—2020年）［EB/OL］．http://www.tech.net.cn/web/articleview.aspx?id=2010072200014&cata_id=N003.中国高职高专教育网，2010-07-21．

［6］黄蕾，刘帆．高职院校教学实训模式构建技术研究［J］．当代经济，2008（12）．

论职业教育混合所有制改革的科学化品格

王 坤 谢笑天 吕杰杰[*]

职业教育混合所有制改革的科学化，指随着职业教育发展的时间、地点、条件等变化而随之调整变化，促使职业教育混合所有制改革与现状相统一，与职业教育发展的现实环境相协调，促使开展混合所有制改革的职业院校，沿着科学、规范的路径持续发展。职业教育混合所有制改革科学化的过程，指遵循事物发展的内在规律，用科学的思维、科学的态度、科学的方法不断促进职业教育发展的过程。纵观我国职业教育混合所有制改革历程，虽然不乏成功案例，但是面临的问题与困难也十分突出，从根本上讲，科学化品格不明显是主要原因。

一、职业教育混合所有制改革科学化品格不明显的主要表现

（一）对职业教育混合所有制改革的属性与内涵认知不足

黑格尔在《小逻辑》提出"本质是自身的联系，但其不是直接的，而是自身反思的联系，以及自身的同一"。马克思认为本质是事物的内在规定性，是一事物区别于其他事物的根本特性，是事物固有的属性，是事物发展变化的根本依据。

"职业教育混合所有制改革"未必就是一个褒义词，它有可能促进职业教育的飞跃，也有可能导致职业教育的停滞或退步。职业教育混合所有

---

[*] 作者王坤，云南师范大学职业技术教育学院讲师，博士，研究方向为职业教育混合所有制改革；谢笑天，云南师范大学职业技术教育学院院长，教授，研究方向为职业院校管理、校企合作；吕杰杰，西南大学教育学部硕士研究生，研究方向为比较职业教育。该文载于《职教论坛》2016年第19期。

三、专家视点篇

制改革的动力，主要源于社会对当下职业教育发展的不满，因此积极对现行的职业教育投资政策、产权制度、治理机制等进行改革。改革的方向可能向左或向右，改革既可能更激进、更疯狂，也可能更保守、更谨慎。教育改革有成功的典型，亦不乏失败的案例，亦如我国基础教育课程改革与高校扩招政策，成功与失败的案例并存而引发了热议。在职业教育混合所有制改革过程中，首先应当思考和处理好的问题是改革的方向在哪里？最终会走向何方？究竟是部分地方职业教育混合所有制改革的成功案例促使改革获得了"价值合理性"，还是职教混合所有制改革的"工具合理性"即市场经济发展的必然需求使改革获得了成功。

国企进行混合所有制改革探索的目的，更多的是为了激发活力，增强竞争力；而一些民企寻求混合所有制改革的动机则呈现多元化态势，如弥补资金不足、享受国企待遇、降低市场风险等。在职业教育混合所有制改革过程中，国有机构和民营机构的现有基础和发展目标并不一致，在职业教育混合所有制改革中，民办资本借混合改革的名义，侵蚀国有资产而造成国有资产流失的事情亦时有发生。

（二）对职业教育混合所有制改革目的以及关系认识不当

职业教育混合所有制改革是生产社会化规律和资本社会化规律的客观需要。关于职业教育混合所有制改革，目前有一种流行观点认为"纯粹的公办活不起来，纯粹的民办大不起来"，强调发展混合所有制是社会主义市场经济条件下公办学校适应资本社会化大趋势的重要选择。这种观点貌似有一定的道理，因为发展职业教育混合所有制确实与社会主义市场经济改革的深化有关，职业教育往往被认为是社会经济发展的"晴雨表"，经济发展与产业升级往往直接影响了职业院校的专业设置与人才培养。但这种现象反映的是职业教育与市场经济之间的外部关系，并非问题的本质。有一种观点认为职业教育混合所有制改革是市场经济发展的必然结果，事实上，这混淆了我国基本所有制与市场经济体制之间的联系与区别。混合所有制不是市场经济发展的必然选择，而是市场经济发展过程中，本身就一直包含混合所有制。萨缪尔森所著的《经济学》对混合所有制的内涵进行了阐释,"在现代社会的各种经济制度中,没有一种是某一纯粹形式。相反,所有的社会都兼具市场和计划的混合经济,从来没有一个百分之百的市场经济(尽管19世纪的英国很接近于此)"。民办职业院校借鉴现代企业运行机制,普遍采取董事会治理模式,决策效率较高,有"船小好调头"的优势,但当民办职业院校规模足够大时,这样的灵活治理机制是否还存在?山东某万人规模的民办职业学校因为一起打架事件,一年内生源骤降90%,损失1.8个亿。一所市场经济中发展壮大的民办学校,面对一起负面新闻,却如此不堪一击,民办职业院校能更好应对市场风险的论断依据又何在?

(三)参与的主体结构不合理

我国职业教育混合所有制改革包含"谁来改革""改什么"和"怎么改革"三个基本问题,其中"谁来改革"位居三大问题之首。因为职业教育混合所有制改革必须依靠特定的主体来推进,"能否形成具有明确改革意识和改革能力的主体,直接决定改革能否真正发生和最终取得成效。"

我国职业教育混合所有制改革形式早已存在,如苏州工业园区职业技术学院、海南职业技术学院、南通理工学院等,已经进行了混合所有制改革尝试并取得了一定成绩,但就全国来看,这种自发行为毕竟是少数,更多的职业院校处于观望状态。因为我国任何一项教育改革要引起社会的关注与推行,主要依赖于由上到下的政府推动。2014年6月,国务院颁布了《关于加快发展现代职业教育的决定》,提出"探索发展股份制、混合所有制职业院校,允许以资本、知识、技术、管理等要素参与办学并享有相应权利"。混合所有制改革迅速成为职业教育热点,在全国召开了许多职业教育混合所有制改革的会议,开展了广泛讨论。在这一过程中,政府教育主管部门占有绝对主导地位,就算是在学校层面,参与混合所有制改革决策的也只是少数。某职业学院的混合所有制改革,从方案的起草到最终挂牌,只有学院领导、合作企业和个别教师参与其中,而广大教职员工被排斥在改革决策之外,只隐约听说"混合所有制改革之后工资会涨",便欢欣鼓舞地支持改革了,而对在混合所有制改革中,当民办资本控股比例超过 50% 后，公办职业院校一线教师的权益如何得到保障，学生的培养质量如何更好得到提高，学校办学的公益性与民办资本的逐利性如何得到平衡等，对于这些问题，广大一线教职工普遍意识不到，这是一种更隐秘的被边缘化。

（四）缺乏健全的职业教育混合所有制改革评估机制

纵观现有的职业教育混合所有改革成功案例，对改革成效的评估普遍坚持的是硬件论，如海南职业技术学院通过混合所有制改革，资产增长率达 800%，办学面积增长率达 300%，建筑面积增长率达 300%；广西理工职业技术学院通过混合所有制改革，占地面积达 1239 亩，在校生人数达 2.36 万人，校舍建筑面积达 39.77 万平方米。

至于混合所有制改革之后，随着民营资本的介入，贫困家庭孩子的入学机会是增加了还是减少了，学生的综合素质、核心竞争力是否相比较"单一制"职业院校有所提高，这些学校内涵式发展的评价指标鲜有提及，这与世界银行对发展中国家职业教育发展质量的评价指标，形成极大反差。世界银行在《职业教育技术教育与培训：世界银行的政策文件》中对职业教育进行了分析，"对于专门职业技能的训练，只有建立在扎实的普通教育基础之上才会更有效，普通基础教育和中等教育为很多行业提供了这种基础……在一些国家，以职业课程取代部分学术课程的额外投资，如果用来提高学术成绩或增进学术教育将是更有效的投资。事实上，在使毕业生进入工作领域或自谋职业方面，职业教育多样化课程并不比中等学术教育更有效益。"世界银行把职业院校的人才培养质量作为是否支持其发展的核心标准，而我国许多职业院校混合所有制改革普遍把扩大办学规模作为自己的主要目标。职业院校的办学面积扩大了，教学设施完善了，学生人数多了，是否意味着其学生培养质量就必然会提高？若真如此，世界银行为何在投入大量资金对发展中国家学校职业教育进行长期支持后，会得出"以学校为基础的职业教育人才培养模式是高成本的、缺乏职业针对性的"结论？姑且不论世界银行的职业教育政策转变背后受到多少复杂因素的影响，但在许多职业院校，学生的培养质量低下、社会竞争力差、可持续发展能力弱是不争的事实。

二、职业教育混合所有制改革科学化品格的生成

（一）从目标来讲，应把提高人才培养质量作为职业教育混合所有制改革的核心

夸美纽斯在《大教学论》中提出"把一切知识教给一切人"，怎样提高知识传授的效率是教育改革发展的重点目标。《国家中长期教育改革和发展规划纲要（2010—2020年）》明确指出，职业教育要把提高质量作为重点。

实现国有资本和其他资本的共赢，是职业教育混合所有制改革的立足点和生命线，但如何实现双方的共赢并没有说清楚。当前流行的做法是将资产的增长、招生人数的增加、办学规模的扩大作为混合所有制办学双方共赢的体现，追求资产的增值，是国有企业、民营企业、民办学校寻求混合所有制办学的最大动力。"纯粹的公办活不起来，纯粹的民办大不起来"，认为公办职业院校规模庞大，社会认可度高，但体制僵硬，政府作为学校的唯一投资主体和利益主体，学校发展缺乏活力；民办职业院校办学的机制灵活，但生源危机严重，办学经费不足。而现实的情况是，不是所有的纯公办职业院校都是机制僵硬，不是所有的纯民办职业院校都不能做大，对于那些已经办得很好的公办和民办职业院校而言，显然没有混合办学的必要，在这里需要我们回到教育的目的上来。

在职业教育混合所有制改革中，不管是公立民办型、公有民营型、民办公助型以及小混合型，都应当将提高人才培养质量作为混合所有制改革的核心目标。"从人才培养目标来看，整个教育系统的其他因素，都是为实现人才培养质量而协同存在。"职业教育混合所有制改革，不一定会促进教育质量的提高，职业教育人才培养质量的提高，也不一定是通过了混合所有制改革，通过其他方式的改革，也可能会提高职业教育人才培养质量。对提高职业教育人才培养质量而言，混合所有制改革既不是充分条件，也不是必要条件。

因此，应当明确将"提高人才培养质量"作为混合所有制改革的目标，唯有如此，才能将教育质量的硬件论、多元论、层次类别论、水平级差论、结果论、目标论有机统一起来。不论是南通理工学院通过混合所有制改革获得事业单位身份认可，更好地留住了教职员工；还是广西理工职业技术学院通过混合所有制改革，盘活了国有资产；或是苏州工业园区职业技术学院通过混合所有制改革，建立了董事会治理机制。所有的这些改革，都必须围绕提高人才培养质量这一核心，构成一个有机整体，只有这样，才能真正增强职业教育的吸引力，促进职业教育的良性循环和可持续发展。

（二）从参与主体来讲，应扩大混合所有制改革参与的主体范围

"教育改革是各种主体为了捍卫自身利益，不断进行权力博弈和资源重组的过程"，职业教育混合所有制改革方式复杂，如民办职业院校与国企混合、民办职业院校与公办职业院校混合、公办职业院校与私企合作等，混合动机多样，利益诉求多元化，牵涉面广，在这一过程中，扩大改革参与主体的范围，就显得尤为重要。

职业教育混合所有制改革所涉及的政府人员、专家学者、院校管理人员及教师、广大学生及家长，都应当有充分的机会了解改革的内容及相应观点，如公私混合后，如何厘清产权、如何避免国有资产流失、如何不损害编制内职工的合法权益、如何平衡私企的逐利性与学校的公益性、如何提高人才培养质量等，都需要每一个改革参与者认真思考与面对。因为职业教育混合所有制改革，既可能成功，也可能失败，广大参与者亟需对可能出现的局面做好充分的思想和行动准备。

职业教育混合所有制改革参与者之间应当进行积极对话，缓解冲突与矛盾，促使改革不断向前推进。相关公办企业或公办学校的管理者，往往担心因国有资产流失而被问责，这也是管理层在混合所有制改革方案制定与前期规划中显得犹豫不决的主要原因，这时就需要扩大改革参与者的范围，以便让大家全面深入沟通，思考解决策略，竭力避免不良后果的出现，促使改革朝预期的方向发展。

（三）建立科学合理的职业教育混合所有制改革评估指标体系

2014年《国务院关于加快发展现代职业教育的决定》中指出，要促使"相关标准更加科学规范，监管机制更加完善"，因此，加快构建科学合理的评估指标体系，是当下职业教育混合所有制改革亟须解决的问题。

第一，职业教育混合所有制改革评估指标体系应当是多层次的。产权的划分、董事会下的院系运行、产学研的一体化、课程与教学的开发与实施、学生对理论知识与缄默知识的掌握，等等，"分别建立针对各个改革主体的质量评价指标"，从不角度评估职业教育混合所有制改革取得的成效。

第二，在指标内容上，建立以学生发展为导向的人才培养质量核心指标。在职业教育混合所有制改革过程中，积极针对在校学生进行教学满意度调查，混合所有制职业学校开展的教育教学活动是否能满足学生的可持续发展需要？混合所有制职业学校是否进一步强化了校企合作？在混合所有制职业学校学习的学生，相比较单一制学校，学习投入度是否更强？应届毕业生对混合所有制职业学校的教学质量满意度是否比单一制学校更高？用人单位对混合所有制职业学校毕业生的实际工作能力和发展潜力的评价，是否高于单一制学校，等等。

职业教育混合所有制改革，既充满机遇，也面临巨大挑战，如何促使改革朝预期方向发展，形成科学化品格就显得异常重要。

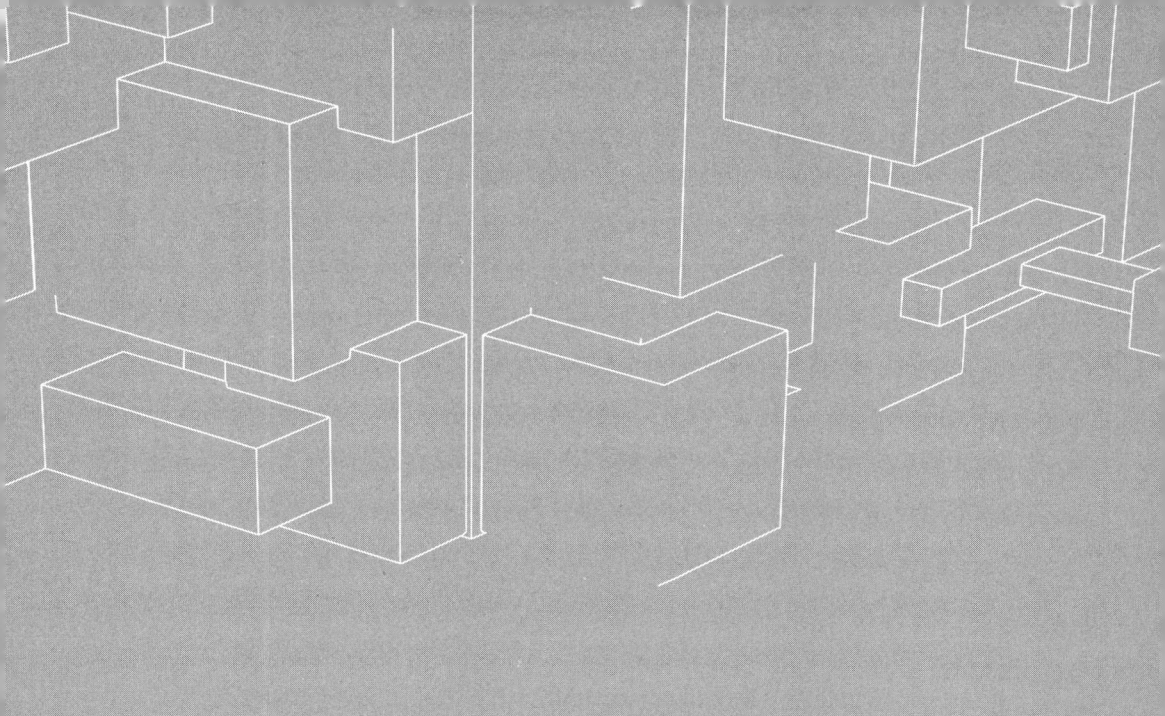

附 录

国务院关于加快发展现代职业教育的决定

国发〔2014〕19号

各省、自治区、直辖市人民政府，国务院各部委、各直属机构：

近年来，我国职业教育事业快速发展，体系建设稳步推进，培养培训了大批中高级技能型人才，为提高劳动者素质、推动经济社会发展和促进就业做出了重要贡献。同时也要看到，当前职业教育还不能完全适应经济社会发展的需要，结构不尽合理，质量有待提高，办学条件薄弱，体制机制不畅。加快发展现代职业教育，是党中央、国务院做出的重大战略部署，对于深入实施创新驱动发展战略，创造更大人才红利，加快转方式、调结构、促升级具有十分重要的意义。现就加快发展现代职业教育做出以下决定。

一、总体要求

（一）指导思想。以邓小平理论、"三个代表"重要思想、科学发展观为指导，坚持以立德树人为根本，以服务发展为宗旨，以促进就业为导向，适应技术进步和生产方式变革以及社会公共服务的需要，深化体制机制改革，统筹发挥好政府和市场的作用，加快现代职业教育体系建设，深化产教融合、校企合作，培养数以亿计的高素质劳动者和技术技能人才。

（二）基本原则。

——政府推动、市场引导。发挥好政府保基本、促公平作用，着力营造制度环境、制订发展规划、改善基本办学条件、加强规范管理和监督指导等。充分发挥市场机制作用，引导社会力量参与办学，扩大优质教育资源，激发学校发展活力，促进职业教育与社会需求紧密对接。

——加强统筹、分类指导。牢固确立职业教育在国家人才培养体系中的重要位置，统筹发展各级各类职业教育，坚持学校教育和职业培训并举。强化省级人民政府统筹和部门协调配合，加强行业部门对本部门、本行业职业教育的指导。推动公办与民办职业教育共同发展。

——服务需求、就业导向。服务经济社会发展和人的全面发展，推动专业设置与产业需求对接，课程内容与职业标准对接，教学过程与生产过程对接，毕业证书与职业资格证书对接，职业教育与终身学习对接。重点提高青年就业能力。

——产教融合、特色办学。同步规划职业教育与经济社会发展，协调推进人力资源开发与技术进步，推动教育教学改革与产业转型升级衔接配套。突出职业院校办学特色，强化校企协同育人。

——系统培养、多样成才。推进中等和高等职业教育紧密衔接，发挥中等职业教育在发展现代职业教育中的基础性作用，发挥高等职业教育在优化高等教育结构中的重要作用。加强职业教育与普通教育沟通，为学生多样化选择、多路径成才搭建"立交桥"。

（三）目标任务。到 2020 年，形成适应发展需求、产教深度融合、中职高职衔接、职业教育与普通教育相互沟通，体现终身教育理念，具有中国特色、世界水平的现代职业教育体系。

——结构规模更加合理。总体保持中等职业学校和普通高中招生规模大体相当，高等职业教育规模占高等教育的一半以上，总体教育结构更加合理。到 2020 年，中等职业教育在校生达到 2350 万人，专科层次职业教育在校生达到 1480 万人，接受本科层次职业教育的学生达到一定规模。从业人员继续教育达到 3.5 亿人次。

——院校布局和专业设置更加适应经济社会需求。调整完善职业院校区域布局，科学合理设置专业，健全专业随产业发展动态调整的机制，重点提升面向现代农业、先进制造业、现代服务业、战略性新兴产业和社会管理、生态文明建设等领域的人才培养能力。

——职业院校办学水平普遍提高。各类专业的人才培养水平大幅提升，办学条件明显改善，实训设备配置水平与技术进步要求更加适应，现代信息技术广泛应用。专兼结合的"双师型"教师队伍建设进展显著。建成一批世界一流的职业院校和骨干专业，形成具有国际竞争力的人才培养高地。

——发展环境更加优化。现代职业教育制度基本建立，政策法规更加健全，相关标准更加科学规范，监管机制更加完善。引导和鼓励社会力量参与的政策更加健全。全社会人才观念显著改善，支持和参与职业教育的氛围更加浓厚。

二、加快构建现代职业教育体系

（四）巩固提高中等职业教育发展水平。各地要统筹做好中等职业学校和普通高中招生工作，落实好职普招生大体相当的要求，加快普及高中阶段教育。鼓励优质学校通过兼并、托管、合作办学等形式，整合办学资源，优化中等职业教育布局结构。推进县级职教中心等中等职业学校与城市院校、科研机构对口合作，实施学历教育、技术推广、扶贫开发、劳动力转移培训和社会生活教育。在保障学生技术技能培养质量的基础上，加强文化基础教育，实现就业有能力、升学有基础。有条件的普通高中要适当增加职业技术教育内容。

（五）创新发展高等职业教育。专科高等职业院校要密切产学研合作，培养服务区域发展的技术技能人才，重点服务企业特别是中小微企业的技术研发和产品升级，加强社区教育和终身学习服务。探索发展本科层次职业教育。建立以职业需求为导向、以实践能力培养为重点、以产学结合为途径的专业学位研究生培养模式。研究建立符合职业教育特点的学位制度。原则上中等职业学校不升格为或并入高等职业院校，专科高等职业院校不升格为或并入本科高等学校，形成定位清晰、科学合理的职业教育层次结构。

（六）引导普通本科高等学校转型发展。采取试点推动、示范引领等方式，引导一批普通本科高等学校向应用技术类型高等学校转型，重点举办本科职业教育。独立学院转设为独立设置高等学校时，鼓励其定位为应用技术类型高等学校。建立高等学校分类体系，实行分类管理，加快建立分类设置、评价、指导、拨款制度。招生、投入等政策措施向应用技术类型高等学校倾斜。

（七）完善职业教育人才多样化成长渠道。健全"文化素质+职业技能"、单独招生、综合评价招生和技能拔尖人才免试等考试招生办法，为学生接受不同层次高等职业教育提供多种机会。在学前教育、护理、健康服务、社区服务等领域，健全对初中毕业生实行中高职贯通培养的考试招生办法。适度提高专科高等职业院校招收中等职业学校毕业生的比例、本科高等学校招收职业院校毕业生的比例。逐步扩大高等职业院校招收有实践经历人员的比例。建立学分积累与转换制度，推进学习成果互认衔接。

（八）积极发展多种形式的继续教育。建立有利于全体劳动者接受职业教育和培训的灵活学习制度，服务全民学习、终身学习，推进学习型社会建设。面向未升学初高中毕业生、残疾人、失业人员等群体广泛开展职业教育和培训。推进农民继续教育工程，加强涉农专业、课程和教材建设，创新农学结合模式。推动一批县（市、区）在农村职业教育和成人教育改革发展方面发挥示范作用。利用职业院校资源广泛开展职工教育培训。重视培养军地两用人才。退役士兵接受职业教育和培训，按照国家有关规定享受优待。

三、激发职业教育办学活力

（九）引导支持社会力量兴办职业教育。创新民办职业教育办学模式，积极支持各类办学主体通过独资、合资、合作等多种形式举办民办职业教育；探索发展股份制、混合所有制职业院校，允许以资本、知识、技术、管理等要素参与办学并享有相应权利。探索公办和社会力量举办的职业院校相互委托管理和购买服务的机制。引导社会力量参与教学过程，共同开发课程和教材等教育资源。社会力量举办的职业院校与公办职业院校具有同等法律地位，依法享受相关教育、财税、土地、金融等政策。健全政府补贴、购买服务、助学贷款、基金奖励、捐资激励等制度，鼓励社会力量参与职业教育办学、管理和评价。

（十）健全企业参与制度。研究制定促进校企合作办学有关法规和激励政策，深化产教融合，鼓励行业和企业举办或参与举办职业教育，发挥企业重要办学主体作用。规模以上企业要有机构或人员组织实施职工教育培训、对接职业院校，设立学生实习和教师实践岗位。企业因接收实习生所实际发生的与取得收入有关的、合理的支出，按现行税收法律规定在计算应纳税所得额时扣除。多种形式支持企业建设兼具生产与教学功能的公共实训基地。对举办职业院校的企业，其办学符合职业教育发展规划要求的，各地可通过政府购买服务等方式给予支持。对职业院校自办的、以服务学生实习实训为主要目的的企业或经营活动，按照国家有关规定享受税收等优惠。支持企业通过校企合作共同培养培训人才，不断提升企业价值。企业开展职业教育的情况纳入企业社会责任报告。

（十一）加强行业指导、评价和服务。加强行业指导能力建设，分类制定行业指导政策。通过授权委托、购买服务等方式，把适宜行业组织承担的职责交给行业组织，给予政策支持并强化服务监管。行业组织要履行好发布行业人才需求、推进校企合作、参与指导教育教学、开展质量评价等职责，建立行业人力资源需求预测和就业状况定期发布制度。

（十二）完善现代职业学校制度。扩大职业院校在专业设置和调整、人事管理、教师评聘、收入分配等方面的办学自主权。职业院校要依法制定体现职业教育特色的章程和制度，完善治理结构，提升治理能力。建立学校、行业、企业、社区等共同参与的学校理事会或董事会。制定校长任职资格标准，推进校长聘任制改革和公开选拔试点。坚持和完善中等职业学校校长负责制、公办高等职业院校党委领导下的校长负责制。建立企业经营管理和技术人员与学校领导、骨干教师相互兼职制度。完善体现职业院校办学和管理特点的绩效考核内部分配机制。

（十三）鼓励多元主体组建职业教育集团。研究制定院校、行业、企业、科研机构、社会组织等共同组建职业教育集团的支持政策，发挥职业教育集团在促进教育链和产业链有机融合中的重要作用。鼓励中央企业和行业龙头企业牵头组建职业教育集团。探索组建覆盖全产业链的职业教育集团。健全联席会、董事会、理事会等治理结构和决策机制。开展多元投资主体依法共建职业教育集团的改革试点。

（十四）强化职业教育的技术技能积累作用。制定多方参与的支持政策，推动政府、学校、行业、企业联动，促进技术技能的积累与创新。推动职业院校与行业企业共建技术工艺和产品开发中心、实验实训平台、技能大师工作室等，成为国家技术技能积累与创新的重要载体。职业院校教师和学生拥有知识产权的技术开发、产品设计等成果，可依法依规在企业作价入股。

四、提高人才培养质量

（十五）推进人才培养模式创新。坚持校企合作、工学结合，强化教学、学习、实训相融合的教育教学活动。推行项目教学、案例教学、工作过程导向教学等教学模式。加大实习实训在教学中的比重，创新顶岗实习形式，强化以育人为目标的实习实训考核评价。健全学生实习责任保险制度。积极推进学历证书和职业资格证书"双证书"制度。开展校企联合招生、联合培养的现代学徒制试点，完善支持政策，推进校企一体化育人。开展职业技能竞赛。

（十六）建立健全课程衔接体系。适应经济发展、产业升级和技术进步需要，建立专业教学标准和职业标准联动开发机制。推进专业设置、专业课程内容与职业标准相衔接，推进中等和高等职业教育培养目标、专业设置、教学过程等方面的衔接，形成对接紧密、特色鲜明、动态调整的职业教育课程体系。全面实施素质教育，科学合理设置课程，将职业道德、人文素养教育贯穿培养全过程。

（十七）建设"双师型"教师队伍。完善教师资格标准，实施教师专业标准。健全教师专业技术职务（职称）评聘办法，探索在职业学校设置正高级教师职务（职称）。加强校长培训，实行五年一周期的教师全员培训制度。落实教师企业实践制度。政府要支持学校按照有关规定自主聘请兼职教师。完善企业工程技术人员、高技能人才到职业院校担任专兼职教师的相关政策，兼职教师任教情况应作为其业绩考核评价的重要内容。加强职业技术师范院校建设。推进高水平学校和大中型企业共建"双师型"教师培养培训基地。地方政府要比照普通高中和高等学校，根据职业教育特点核定公办职业院校教职工编制。加强职业教育科研教研队伍建设，提高科研能力和教学研究水平。

（十八）提高信息化水平。构建利用信息化手段扩大优质教育资源覆盖面的有效机制，推进职业教育资源跨区域、跨行业共建共享，逐步实现所有专业的优质数字教育资源全覆盖。支持与专业课程配套的虚拟仿真实训系统开发与应用。推广教学过程与生产过程实时互动的远程教学。加快信息化管理平台建设，加强现代信息技术应用能力培训，将现代信息技术应用能力作为教师评聘考核的重要依据。

（十九）加强国际交流与合作。完善中外合作机制，支持职业院校引进国（境）外高水平专家和优质教育资源，鼓励中外职业院校教师互派、学生互换。实施中外职业院校合作办学项目，探索和规范职业院校到国（境）外办学。推动与中国企业和产品"走出去"相配套的职业教育发展模式，注重培养符合中国企业海外生产经营需求的本土化人才。积极参与制定职业教育国际标准，开发与国际先进标准对接的专业标准和课程体系。提升全国职业院校技能大赛国际影响。

五、提升发展保障水平

（二十）完善经费稳定投入机制。各级人民政府要建立与办学规模和培养要求相适应的财政投入制度，地方人民政府要依法制定并落实职业院校生均经费标准或公用经费标准，改善职业院校基本办学条件。地方教育附加费用于职业教育的比例不低于30%。加大地方人民政府经费统筹力度，发挥好企业职工教育培训经费以及就业经费、扶贫和移民安置资金等各类资金在职业培训中的作用，提高资金使用效益。县级以上人民政府要建立职业教育经费绩效评价制度、审计监督公告制度、预决算公开制度。

（二十一）健全社会力量投入的激励政策。鼓励社会力量捐资、出资兴办职业教育，拓宽办学筹资渠道。通过公益性社会团体或者县级以上人民政府及其部门向职业院校进行捐赠的，其捐赠按照现行税收法律规定在税前扣除。完善财政贴息贷款等政策，健全民办职业院校融资机制。企业要依法履行职工教育培训和足额提取教育培训经费的责任，一般企业按照职工工资总额的 1.5% 足额提取教育培训经费，从业人员技能要求高、实训耗材多、培训任务重、经济效益较好的企业可按 2.5% 提取，其中用于一线职工教育培训的比例不低于 60%。除国务院财政、税务主管部门另有规定外，企业发生的职工教育经费支出，不超过工资薪金总额 2.5% 的部分，准予扣除；超过部分，准予在以后纳税年度结转扣除。对不按规定提取和使用教育培训经费并拒不改正的企业，由县级以上地方人民政府依法收取企业应当承担的职业教育经费，统筹用于本地区的职业教育。探索利用国（境）外资金发展职业教育的途径和机制。

（二十二）加强基础能力建设。分类制定中等职业学校、高等职业院校办学标准，到 2020 年实现基本达标。在整合现有项目的基础上实施现代职业教育质量提升计划，推动各地建立完善以促进改革和提高绩效为导向的高等职业院校生均拨款制度，引导高等职业院校深化办学机制和教育教学改革；重点支持中等职业学校改善基本办学条件，开发优质教学资源，提高教师素质；推动建立发达地区和欠发达地区中等职业教育合作办学工作机制。继续实施中等职业教育基础能力建设项目。支持一批本科高等学校转型发展为应用技术类型高等学校。地方人民政府、相关行业部门和大型企业要切实加强所办职业院校基础能力建设，支持一批职业院校争创国际先进水平。

（二十三）完善资助政策体系。进一步健全公平公正、多元投入、规范高效的职业教育国家资助政策。逐步建立职业院校助学金覆盖面和补助标准动态调整机制，加大对农林水地矿油核等专业学生的助学力度。有计划地支持集中连片特殊困难地区内限制开发和禁止开发区初中毕业生到省（区、市）内外经济较发达地区接受职业教育。完善面向农民、农村转移劳动力、在职职工、失业人员、残疾人、退役士兵等接受职业教育和培训的资助补贴政策，积极推行以直补个人为主的支付办法。有关部门和职业院校要切实加强资金管理，严查"双重学籍""虚假学籍"等问题，确保资助资金有效使用。

（二十四）加大对农村和贫困地区职业教育支持力度。服务国家粮食安全保障体系建设，积极发展现代农业职业教育，建立公益性农民培养培训制度，大力培养新型职业农民。在人口集中和产业发展需要的贫困地区建好一批中等职业学校。国家制定奖补政策，支持东部地区职业院校扩大面向中西部地区的招生规模，深化专业建设、课程开发、资源共享、学校管理等合作。加强民族地区职业教育，改善民族地区职业院校办学条件，继续办好内地西藏、新疆中职班，建设一批民族文化传承创新示范专业点。

（二十五）健全就业和用人的保障政策。认真执行就业准入制度，对从事涉及公共安全、人身健康、生命财产安全等特殊工种的劳动者，必须从取得相应学历证书或职业培训合格证书并获得相应职业资格证书的人员中录用。支持在符合条件的职业院校设立职业技能鉴定所（站），完善职业院校合格毕业生取得相应职业资格证书的办法。各级人民政府要创造平等就业环境，消除城乡、行业、身份、性别等一切影响平等就业的制度障碍和就业歧视；党政机关和企事业单位招用人员不得歧视职业院校毕业生。结合深化收入分配制度改革，促进企业提高技能人才收入水平。鼓励企业建立高技能人才技能职务津贴和特殊岗位津贴制度。

六、加强组织领导

（二十六）落实政府职责。完善分级管理、地方为主、政府统筹、社会参与的管理体制。国务院相关部门要有效运用总体规划、政策引导等手段以及税收金融、财政转移支付等杠杆，加强对职业教育发展的统筹协调和分类指导；地方政府要切实承担主要责任，结合本地实际推进职业教育改革发展，探索解决职业教育发展的难点问题。要加快政府职能转变，减少部门职责交叉和分散，减少对学校教育教学具体事务的干预。充分发挥职业教育工作部门联席会议制度的作用，形成工作合力。

（二十七）强化督导评估。教育督导部门要完善督导评估办法，加强对政府及有关部门履行发展职业教育职责的督导；要落实督导报告公布制度，将督导报告作为对被督导单位及其主要负责人考核奖惩的重要依据。完善职业教育质量评价制度，定期开展职业院校办学水平和专业教学情况评估，实施职业教育质量年度报告制度。注重发挥行业、用人单位作用，积极支持第三方机构开展评估。

（二十八）营造良好环境。推动加快修订职业教育法。按照国家有关规定，研究完善职业教育先进单位和先进个人表彰奖励制度。落实好职业教育科研和教学成果奖励制度，用优秀成果引领职业教育改革创新。研究设立职业教育活动周。大力宣传高素质劳动者和技术技能人才的先进事迹和重要贡献，引导全社会确立尊重劳动、尊重知识、尊重技术、尊重创新的观念，促进形成"崇尚一技之长、不唯学历凭能力"的社会氛围，提高职业教育社会影响力和吸引力。

国务院

2014 年 5 月 2 日

国务院关于国有企业发展混合所有制经济的意见

国发〔2015〕54号

各省、自治区、直辖市人民政府，国务院各部委、各直属机构：

发展混合所有制经济，是深化国有企业改革的重要举措。为贯彻党的十八大和十八届三中、四中全会精神，按照"四个全面"战略布局要求，落实党中央、国务院决策部署，推进国有企业混合所有制改革，促进各种所有制经济共同发展，现提出以下意见。

一、总体要求

（一）改革出发点和落脚点。国有资本、集体资本、非公有资本等交叉持股、相互融合的混合所有制经济，是基本经济制度的重要实现形式。多年来，一批国有企业通过改制发展成为混合所有制企业，但治理机制和监管体制还需要进一步完善；还有许多国有企业为转换经营机制、提高运行效率，正在积极探索混合所有制改革。当前，应对日益激烈的国际竞争和挑战，推动我国经济保持中高速增长、迈向中高端水平，需要通过深化国有企业混合所有制改革，推动完善现代企业制度，健全企业法人治理结构；提高国有资本配置和运行效率，优化国有经济布局，增强国有经济活力、控制力、影响力和抗风险能力，主动适应和引领经济发展新常态；促进国有企业转换经营机制，放大国有资本功能，实现国有资产保值增值，实现各种所有制资本取长补短、相互促进、共同发展，夯实社会主义基本经济制度的微观基础。在国有企业混合所有制改革中，要坚决防止因监管不到位、改革不彻底导致国有资产流失。

（二）基本原则。

——政府引导，市场运作。尊重市场经济规律和企业发展规律，以企业为主体，充分发挥市场机制作用，把引资本与转机制结合起来，把产权多元化与完善企业法人治理结构结合起来，探索国有企业混合所有制改革的有效途径。

——完善制度，保护产权。以保护产权、维护契约、统一市场、平等交换、公平竞争、有效监管为基本导向，切实保护混合所有制企业各类出资人的产权权益，调动各类资本参与发展混合所有制经济的积极性。

——严格程序，规范操作。坚持依法依规，进一步健全国有资产交易规则，科学评估国有资产价值，完善市场定价机制，切实做到规则公开、过程公开、结果公开。强化交易主体和交易过程监管，防止暗箱操作、低价贱卖、利益输送、化公为私、逃废债务，杜绝国有资产流失。

——宜改则改，稳妥推进。对通过实行股份制、上市等途径已经实行混合所有制的国有企业，要着力在完善现代企业制度、提高资本运行效率上下功夫；对适宜继续推进混合所有制改革的国有企业，要充分发挥市场机制作用，坚持因地施策、因业施策、因企施策，宜独则独、宜控则控、宜参则参，不搞拉郎配，不搞全覆盖，不设时间表，一企一策，成熟一个推进一个，确保改革规范有序进行。尊重基层创新实践，形成一批可复制、可推广的成功做法。

二、分类推进国有企业混合所有制改革

（三）稳妥推进主业处于充分竞争行业和领域的商业类国有企业混合所有制改革。按照市场化、国际化要求，以增强国有经济活力、放大国有资本功能、实现国有资产保值增值为主要目标，以提高经济效益和创新商业模式为导向，充分运用整体上市等方式，积极引入其他国有资本或各类非国有资本实现股权多元化。坚持以资本为纽带完善混合所有制企业治理结构和管理方式，国有资本出资人和各类非国有资本出资人以股东身份履行权利和职责，使混合所有制企业成为真正的市场主体。

（四）有效探索主业处于重要行业和关键领域的商业类国有企业混合

所有制改革。对主业处于关系国家安全、国民经济命脉的重要行业和关键领域、主要承担重大专项任务的商业类国有企业,要保持国有资本控股地位,支持非国有资本参股。对自然垄断行业,实行以政企分开、政资分开、特许经营、政府监管为主要内容的改革,根据不同行业特点实行网运分开、放开竞争性业务,促进公共资源配置市场化,同时加强分类依法监管,规范营利模式。

——重要通信基础设施、枢纽型交通基础设施、重要江河流域控制性水利水电航电枢纽、跨流域调水工程等领域,实行国有独资或控股,允许符合条件的非国有企业依法通过特许经营、政府购买服务等方式参与建设和运营。

——重要水资源、森林资源、战略性矿产资源等开发利用,实行国有独资或绝对控股,在强化环境、质量、安全监管的基础上,允许非国有资本进入,依法依规有序参与开发经营。

——江河主干渠道、石油天然气主干管网、电网等,根据不同行业领域特点实行网运分开、主辅分离,除对自然垄断环节的管网实行国有独资或绝对控股外,放开竞争性业务,允许非国有资本平等进入。

——核电、重要公共技术平台、气象测绘水文等基础数据采集利用等领域,实行国有独资或绝对控股,支持非国有企业投资参股以及参与特许经营和政府采购。粮食、石油、天然气等战略物资国家储备领域保持国有独资或控股。

——国防军工等特殊产业,从事战略武器装备科研生产、关系国家战略安全和涉及国家核心机密的核心军工能力领域,实行国有独资或绝对控股。其他军工领域,分类逐步放宽市场准入,建立竞争性采购体制机制,支持非国有企业参与武器装备科研生产、维修服务和竞争性采购。

——对其他服务国家战略目标、重要前瞻性战略性产业、生态环境保护、共用技术平台等重要行业和关键领域,加大国有资本投资力度,发挥国有资本引导和带动作用。

(五)引导公益类国有企业规范开展混合所有制改革。在水电气热、公共交通、公共设施等提供公共产品和服务的行业和领域,根据不同业务特点，加强分类指导，推进具备条件的企业实现投资主体多元化。通过购买服务、特许经营、委托代理等方式，鼓励非国有企业参与经营。政府要加强对价格水平、成本控制、服务质量、安全标准、信息披露、营运效率、保障能力等方面的监管，根据企业不同特点有区别地考核其经营业绩指标和国有资产保值增值情况，考核中要引入社会评价。

三、分层推进国有企业混合所有制改革

（六）引导在子公司层面有序推进混合所有制改革。对国有企业集团公司二级及以下企业，以研发创新、生产服务等实体企业为重点，引入非国有资本，加快技术创新、管理创新、商业模式创新，合理限定法人层级，有效压缩管理层级。明确股东的法律地位和股东在资本收益、企业重大决策、选择管理者等方面的权利，股东依法按出资比例和公司章程规定行权履职。

（七）探索在集团公司层面推进混合所有制改革。在国家有明确规定的特定领域，坚持国有资本控股，形成合理的治理结构和市场化经营机制；在其他领域，鼓励通过整体上市、并购重组、发行可转债等方式，逐步调整国有股权比例，积极引入各类投资者，形成股权结构多元、股东行为规范、内部约束有效、运行高效灵活的经营机制。

（八）鼓励地方从实际出发推进混合所有制改革。各地区要认真贯彻落实中央要求，区分不同情况，制定完善改革方案和相关配套措施，指导国有企业稳妥开展混合所有制改革，确保改革依法合规、有序推进。

四、鼓励各类资本参与国有企业混合所有制改革

（九）鼓励非公有资本参与国有企业混合所有制改革。非公有资本投资主体可通过出资入股、收购股权、认购可转债、股权置换等多种方式，参与国有企业改制重组或国有控股上市公司增资扩股以及企业经营管理。非公有资本投资主体可以货币出资，或以实物、股权、土地使用权等法律法规允许的方式出资。企业国有产权或国有股权转让时，除国家另有规定外，一般不在意向受让人资质条件中对民间投资主体单独设置附加条件。

（十）支持集体资本参与国有企业混合所有制改革。明晰集体资产产权，发展股权多元化、经营产业化、管理规范化的经济实体。允许经确权认定的集体资本、资产和其他生产要素作价入股，参与国有企业混合所有制改革。研究制定股份合作经济（企业）管理办法。

（十一）有序吸收外资参与国有企业混合所有制改革。引入外资参与国有企业改制重组、合资合作，鼓励通过海外并购、投融资合作、离岸金融等方式，充分利用国际市场、技术、人才等资源和要素，发展混合所有制经济，深度参与国际竞争和全球产业分工，提高资源全球化配置能力。按照扩大开放与加强监管同步的要求，依照外商投资产业指导目录和相关安全审查规定，完善外资安全审查工作机制，切实加强风险防范。

（十二）推广政府和社会资本合作（PPP）模式。优化政府投资方式，通过投资补助、基金注资、担保补贴、贷款贴息等，优先支持引入社会资本的项目。以项目运营绩效评价结果为依据，适时对价格和补贴进行调整。组合引入保险资金、社保基金等长期投资者参与国家重点工程投资。鼓励社会资本投资或参股基础设施、公用事业、公共服务等领域项目，使投资者在平等竞争中获取合理收益。加强信息公开和项目储备，建立综合信息服务平台。

（十三）鼓励国有资本以多种方式入股非国有企业。在公共服务、高新技术、生态环境保护和战略性产业等重点领域，以市场选择为前提，以资本为纽带，充分发挥国有资本投资、运营公司的资本运作平台作用，对发展潜力大、成长性强的非国有企业进行股权投资。鼓励国有企业通过投资入股、联合投资、并购重组等多种方式，与非国有企业进行股权融合、战略合作、资源整合，发展混合所有制经济。支持国有资本与非国有资本共同设立股权投资基金，参与企业改制重组。

（十四）探索完善优先股和国家特殊管理股方式。国有资本参股非国有企业或国有企业引入非国有资本时，允许将部分国有资本转化为优先股。在少数特定领域探索建立国家特殊管理股制度，依照相关法律法规和公司章程规定，行使特定事项否决权，保证国有资本在特定领域的控制力。

（十五）探索实行混合所有制企业员工持股。坚持激励和约束相结合的原则，通过试点稳妥推进员工持股。员工持股主要采取增资扩股、出资新设等方式，优先支持人才资本和技术要素贡献占比较高的转制科研院所、高新技术企业和科技服务型企业开展试点，支持对企业经营业绩和持续发展有直接或较大影响的科研人员、经营管理人员和业务骨干等持股。完善相关政策，健全审核程序，规范操作流程，严格资产评估，建立健全股权流转和退出机制，确保员工持股公开透明，严禁暗箱操作，防止利益输送。混合所有制企业实行员工持股，要按照混合所有制企业实行员工持股试点的有关工作要求组织实施。

五、建立健全混合所有制企业治理机制

（十六）进一步确立和落实企业市场主体地位。政府不得干预企业自主经营，股东不得干预企业日常运营，确保企业治理规范、激励约束机制到位。落实董事会对经理层成员等高级经营管理人员选聘、业绩考核和薪酬管理等职权，维护企业真正的市场主体地位。

（十七）健全混合所有制企业法人治理结构。混合所有制企业要建立健全现代企业制度，明晰产权，同股同权，依法保护各类股东权益。规范企业股东（大）会、董事会、经理层、监事会和党组织的权责关系，按章程行权，对资本监管，靠市场选人，依规则运行，形成定位清晰、权责对等、运转协调、制衡有效的法人治理结构。

（十八）推行混合所有制企业职业经理人制度。按照现代企业制度要求，建立市场导向的选人用人和激励约束机制，通过市场化方式选聘职业经理人依法负责企业经营管理，畅通现有经营管理者与职业经理人的身份转换通道。职业经理人实行任期制和契约化管理，按照市场化原则决定薪酬，可以采取多种方式探索中长期激励机制。严格职业经理人任期管理和绩效考核，加快建立退出机制。

六、建立依法合规的操作规则

（十九）严格规范操作流程和审批程序。在组建和注册混合所有制企

业时,要依据相关法律法规,规范国有资产授权经营和产权交易等行为,健全清产核资、评估定价、转让交易、登记确权等国有产权流转程序。国有企业产权和股权转让、增资扩股、上市公司增发等,应在产权、股权、证券市场公开披露信息,公开择优确定投资人,达成交易意向后应及时公示交易对象、交易价格、关联交易等信息,防止利益输送。国有企业实施混合所有制改革前,应依据本意见制定方案,报同级国有资产监管机构批准;重要国有企业改制后国有资本不再控股的,报同级人民政府批准。国有资产监管机构要按照本意见要求,明确国有企业混合所有制改革的操作流程。方案审批时,应加强对社会资本质量、合作方诚信与操守、债权债务关系等内容的审核。要充分保障企业职工对国有企业混合所有制改革的知情权和参与权,涉及职工切身利益的要做好评估工作,职工安置方案要经过职工代表大会或者职工大会审议通过。

(二十)健全国有资产定价机制。按照公开公平公正原则,完善国有资产交易方式,严格规范国有资产登记、转让、清算、退出等程序和交易行为。通过产权、股权、证券市场发现和合理确定资产价格,发挥专业化中介机构作用,借助多种市场化定价手段,完善资产定价机制,实施信息公开,加强社会监督,防止出现内部人控制、利益输送造成国有资产流失。

(二十一)切实加强监管。政府有关部门要加强对国有企业混合所有制改革的监管,完善国有产权交易规则和监管制度。国有资产监管机构对改革中出现的违法转让和侵吞国有资产、化公为私、利益输送、暗箱操作、逃废债务等行为,要依法严肃处理。审计部门要依法履行审计监督职能,加强对改制企业原国有企业法定代表人的离任审计。充分发挥第三方机构在清产核资、财务审计、资产定价、股权托管等方面的作用。加强企业职工内部监督。进一步做好信息公开,自觉接受社会监督。

七、营造国有企业混合所有制改革的良好环境

(二十二)加强产权保护。健全严格的产权占有、使用、收益、处分等完整保护制度,依法保护混合所有制企业各类出资人的产权和知识产权

权益。在立法、司法和行政执法过程中，坚持对各种所有制经济产权和合法利益给予同等法律保护。

（二十三）健全多层次资本市场。加快建立规则统一、交易规范的场外市场，促进非上市股份公司股权交易，完善股权、债权、物权、知识产权及信托、融资租赁、产业投资基金等产品交易机制。建立规范的区域性股权市场，为企业提供融资服务，促进资产证券化和资本流动，健全股权登记、托管、做市商等第三方服务体系。以具备条件的区域性股权、产权市场为载体，探索建立统一结算制度，完善股权公开转让和报价机制。制定场外市场交易规则和规范监管制度，明确监管主体，实行属地化、专业化监管。

（二十四）完善支持国有企业混合所有制改革的政策。进一步简政放权，最大限度取消涉及企业依法自主经营的行政许可审批事项。凡是市场主体基于自愿的投资经营和民事行为，只要不属于法律法规禁止进入的领域，且不危害国家安全、社会公共利益和第三方合法权益，不得限制进入。完善工商登记、财税管理、土地管理、金融服务等政策。依法妥善解决混合所有制改革涉及的国有企业职工劳动关系调整、社会保险关系接续等问题，确保企业职工队伍稳定。加快剥离国有企业办社会职能，妥善解决历史遗留问题。完善统计制度，加强监测分析。

（二十五）加快建立健全法律法规制度。健全混合所有制经济相关法律法规和规章，加大法律法规立、改、废、释工作力度，确保改革于法有据。根据改革需要抓紧对合同法、物权法、公司法、企业国有资产法、企业破产法中有关法律制度进行研究，依照法定程序及时提请修改。推动加快制定有关产权保护、市场准入和退出、交易规则、公平竞争等方面法律法规。

八、组织实施

（二十六）建立工作协调机制。国有企业混合所有制改革涉及面广、政策性强、社会关注度高。各地区、各有关部门和单位要高度重视，精心组织，严守规范，明确责任。各级政府及相关职能部门要加强对国有企业混合所有制改革的组织领导,做好把关定向、配套落实、审核批准、纠偏提醒等工作。各级国有资产监管机构要及时跟踪改革进展,加强改革协调,评估改革成效,推广改革经验,重大问题及时向同级人民政府报告。各级工商联要充分发挥广泛联系非公有制企业的组织优势,参与做好沟通政企、凝聚共识、决策咨询、政策评估、典型宣传等方面工作。

(二十七)加强混合所有制企业党建工作。坚持党的建设与企业改革同步谋划、同步开展,根据企业组织形式变化,同步设置或调整党的组织,理顺党组织隶属关系,同步选配好党组织负责人,健全党的工作机构,配强党务工作者队伍,保障党组织工作经费,有效开展党的工作,发挥好党组织政治核心作用和党员先锋模范作用。

(二十八)开展不同领域混合所有制改革试点示范。结合电力、石油、天然气、铁路、民航、电信、军工等领域改革,开展放开竞争性业务、推进混合所有制改革试点示范。在基础设施和公共服务领域选择有代表性的政府投融资项目,开展多种形式的政府和社会资本合作试点,加快形成可复制、可推广的模式和经验。

(二十九)营造良好的舆论氛围。以坚持"两个毫不动摇"(毫不动摇巩固和发展公有制经济,毫不动摇鼓励、支持、引导非公有制经济发展)为导向,加强国有企业混合所有制改革舆论宣传,做好政策解读,阐释目标方向和重要意义,宣传成功经验,正确引导舆论,回应社会关切,使广大人民群众了解和支持改革。

各级政府要加强对国有企业混合所有制改革的领导,根据本意见,结合实际推动改革。

金融、文化等国有企业的改革,中央另有规定的依其规定执行。

国务院
2015 年 9 月 23 日

江苏省教育厅　江苏省财政厅
关于进一步加强职业学校高水平示范性实训基地建设的通知

苏教职〔2012〕34 号

各市教育局、财政局，昆山市、泰兴市、沭阳县教育局、财政局：

　　实训基地是职业学校学生实践训练的重要载体，是职业教育区别于普通教育的重要特征。"十一五"以来，各级财政将实训基地建设作为支持职业教育改革发展的重点，加大资金投入力度，优化资金管理模式，建成了一批国家级、省级职业教育实训基地，显著提升了职业学校的办学能力和教学质量。但从总体上看，我省实训基地数量偏少，专业覆盖面不足四分之一；实训基地水平不高，设备总量、配套程度、先进程度不能满足教学需要；实训基地管理运作不够规范科学，重建设、轻管理，教学、生产、科研等效能未能充分发挥。

　　为贯彻国家、省中长期教育改革和发展规划纲要精神，落实《江苏省"十二五"教育发展规划》中关于实施"职业教育基础能力提升工程"的有关要求，现就进一步加强职业学校高水平示范性实训基地建设有关事项通知如下。

一、建设目标

　　按照整体规划、分步实施、不断完善、整体提升的工作思路，2013—2015 年，重点支持建设一批专业对接区域产业、技术对接职业岗位、设备领先企业生产，管理科学、运行高效，集教学、培训、鉴定和生产等多种功能于一体的职业学校高水平示范性实训基地。并以高水平示范性实训基地示范带动整体实训基地建设，逐步构建覆盖所有专业的实践教学网络体系。

二、建设原则

（一）统筹规划。根据区域产业结构升级、产业发展需求和行业发展趋势，结合区域职业学校专业建设规划，编制区域职业学校实训基地建设规划。职业学校要根据规划，加强实训基地建设，推动实训基地覆盖所有专业，同时遴选产业需求紧迫、基础条件优良的专业（链、群），重点建设高水平示范性实训基地。

（二）开放共享。推动实训基地建设面向社会广泛开放，接受行业企业指导，承接行业企业任务，服务行业企业发展；面向相关院校广泛开放，开展交流合作，提供学生实训、技术培训、技能鉴定等服务。

（三）校企合作。对照企业岗位实际要求，跟踪企业技术进步，吸引企业全程参与高水平示范性实训基地建设。鼓励和支持校企合作共建实训基地、共建技术应用开发中心，推进学校与企业的信息互通、人员互聘、资源共享，实行校企一体化办学。

（四）协同推进。以实训设备更新和新增为重点，协同开展实训课程建设、师资队伍建设、信息化资源建设，全面提高实训基地建设水平。原则上项目资金中用于购置设备的费用占80%左右，用于软件建设的费用占20%左右。

（五）效益提升。创新实训基地管理，充分发挥实训基地功能，实行产、学、研、训、赛一体。承接来料加工，开发"实习产品"，将"消耗性"实习转变为"生产性"实习。推动实训基地成为区域技术技能人才培养中心、技术创新推广中心。

三、建设内容

（一）创设实训岗位与环境。围绕学生职业道德、职业技能培养，依据课程改革及实施需要，对接企业生产技术和技能大赛要求，配足、配齐、配优实训设备，满足学生基础性实训和生产性实训要求。保证专业核心技能实训教学 1 人 1 工位。建设与现代企业生产服务场景相接近的实训场景,营造与现代企业文化相对接的实训文化。

(二)改革人才培养模式。以提高人才培养质量为根本目标,以实训基地建设和运行为突破重点,推进职业教育教学与生产劳动、社会实践紧密相合。深化校企合作,推行合作育人。实施"做中学、做中教"教学模式,推行实践育人。毕业生就业能力、就业质量显著提升,中等职业教育相关专业毕业生起薪达到当地社会平均工资的 65%,五年制高等职业教育相关专业毕业生起薪达到 75%。

(三)促进"双师型"师资队伍建设。结合实训基地建设与运行,推进职业学校专业教师实践技能培训,落实专业教师赴企业实践锻炼制度,着力提高专业教师专业实践技能和教学能力。相关专任专业教师获得技师以上职业资格证书或非教师系列本专业中级以上技术职务的比例达 50% 以上。聘请有实践经验的企业专家、工程技术人员、能工巧匠担任兼职教师,兼职教师需具有技师以上职业资格证书或非教师系列本专业中级以上技术职务。

(四)创新实训基地运行和管理。坚持把人才培养作为实训基地首要任务,着力提升实训基地生产、科研功能。建立科学完善的实训教学制度,充分保证实训教学要求,着力提高实训教学质量。推进学生实训与企业生产相结合、"实习产品"与市场需求相对接,实现经济效益与社会效益共同提升。实训基地实际到帐资金一、二产专业不低于 50 万元/年,三产类专业不低于 30 万元/年。

四、工作程序

(一)学校申报。各职业学校(含部、省属职业学校)对照《江苏省职业学校高水平示范性实训基地遴选条件》,在主管部门指导下,组织项目论证,填写《江苏省职业学校高水平示范性实训基地建设项目申报表》。同时登录江苏中等职业教育管理信息系统进行网络申报。

(二)初审推荐。各有关职业学校经县(市、区)教育局和财政局(或学校主管部门)同意后,将申报材料报送至各市(直管县)教育局。各市(直管县)教育局会同财政局,对申报项目统一进行初审。并按照申报名额分配表要求，填写《江苏省职业学校高水平示范性实训基地建设项目汇总表》，连同学校《申报表》一起向省教育厅、省财政厅推荐申报。各地实训基地申报材料请于 12 月 31 日前，寄至省教育厅职教处。联系人：马万全，电话：025-83335665，电子邮箱 mawq@ec.js.edu.cn。

（三）评审立项。省教育厅、省财政厅联合成立职业学校高水平示范性实训基地评审委员会，负责实训基地立项评审工作。坚持"公开、公平、竞争、择优"的原则，坚持与战略性新兴产业、地方支柱产业、特色产业发展要求相适应，一、二、三产业相关专业协调发展的原则，邀请专家对纸质申报材料和网络申报材料进行评审，确定一批高水平示范性实训基地建设项目。

（四）项目实施。省财政根据高水平示范性实训基地评审结果，分年度下达首批建设资金，市、县财政根据申报承诺安排配套资金，联合学校资金、社会企业资金，共同推动实训基地建设。首批资金主要用于设备添置和师资队伍建设。

（五）视导验收。首批资金下达后一年，组织高水平示范性实训基地建设情况视导，依据《江苏省职业学校高水平示范性实训基地建设评估标准》，对建设项目目标达成情况进行验收。验收合格的下达第二批支持资金，授予"江苏省职业学校高水平示范性实训基地"称号。验收不合格的项目予以整改，整改不合格的项目收回首批资金。第二批支持资金主要用于师资队伍建设、实训项目开发、信息化教学资源开发、实训基地运行管理。

推进高水平示范性实训基地建设是今后一个时间我省职业教育改革发展的重要任务，各市（直管县）教育局、财政局及各学校主管部门要高度重视、科学规划、认真实施。特别要围绕产业结构转型升级要求，加强对立项建设项目的指导，落实配套资金，深化校企合作，加强实训基地运行管理，确保建设任务顺利完成、建设目标圆满实现。

江苏省教育厅　江苏省财政厅
2012 年 12 月 5 日

江苏省教育厅 江苏省财政厅
关于推进职业学校现代化实训基地建设的通知

苏教职〔2015〕39号

各市教育局、财政局，昆山市、泰兴市、沭阳县教育局、财政局：

实训基地是职业学校学生技能实践的重要载体，是职业教育区别于普通教育的重要特征。"十二五"以来，各级财政将实训基地建设作为支持职业教育改革发展的重点，加大资金投入力度，优化资金管理模式，建成了一批国家级职业教育实训基地和省级高水平示范性实训基地，显著提升了职业学校的办学能力和教学质量。但从总体上看，我省实训基地管理运作不够科学先进，教学、生产、科研等效能有待进一步发挥；实训基地服务学生全面发展和个性发展的能力有待进一步增强；实训基地服务经济社会转型和产业升级的能力有待进一步提升。因此，不失时机地建设一批体现江苏特色、跻身国内一流、接轨国际水准的现代化实训基地，是江苏经济社会发展的新要求，是人民群众对多样化教育的新期盼，是对江苏教育率先实现现代化的新贡献。

为贯彻国家、省教育规划纲要和全国、全省职业教育工作会议精神，落实《省政府关于加快推进现代职业教育体系建设的实施意见》关于实施"中等职业教育现代化建设工程"的有关要求，现就推进各地加强职业学校现代化实训基地建设有关事项通知如下。

一、建设目标

"十三五"期间，按照现代职教体系建设要求，遵循"统一部署、分步实施、择优遴选、整体提升"工作思路，以立德树人为根本，以服务发展为宗旨，以促进就业为导向，以政府为主导、行业企业为支撑、学校为主体，全省重点支持建设 300 个左右高质量对接区域主导产业、支柱产业、特色产业、战略新兴产业，对接职业岗位群和专业技术领域，管理科学，运行高效，实现"互联网＋"，集区域技术技能人才培养中心、技能教学研究中心、技术创新推广中心和创业孵化中心等于一体的职业学校现代化实训基地。

二、建设原则

（一）统筹规划。根据区域产业结构升级、产业发展需求和行业发展趋势，编制体现规范化、集约化、信息化、国际化的区域职业学校现代化实训基地建设规划。职业学校根据规划遴选产业需求紧迫、基础条件优良的专业（链、群），重点建设现代化实训基地。

（二）产教融合。改革实训基地建设机制，鼓励行业龙头企业将最新技术和设备投到校企共建的实训平台，推动产教深度融合，使实训平台与产业发展基本保持同步。支持校企合作共建实训基地、共建技术应用开发中心，推进学校与企业信息互通、人员互聘、资源共享，实行校企一体化办学。

（三）品牌示范。注重发挥基地的辐射功能和示范效应，以现代化实训基地示范带动整体实训基地建设，逐步构建覆盖所有专业的实践教学网络体系。推动实训基地建设面向社会广泛开放，接受行业企业指导，承接行业企业任务，服务行业企业发展；面向相关院校广泛开放，开展交流合作，提供学生实训、技术培训、技能鉴定等服务。

（四）整体提升。以内涵建设与效益提升为重点，协同开展实训课程建设、师资队伍建设、信息化资源建设，全面提高实训基地建设水平。创新实训基地管理，充分发挥实训基地功能，服务专业群建设，服务产学研，服务创新创业教育，推动实训基地成为区域技术技能人才培养中心、技能教学研究中心、技术创新推广中心和创业孵化中心。

三、建设任务

（一）提升基础建设水平。围绕技术技能型人才、创新型人才、创业型人才的培养，依据课程改革及实施需要，对接企业生产技术和技能大赛、创新创业大赛要求，配足、配齐、配优实训设备，满足基础性实训、生产性实训、中高职衔接试点项目和现代学徒制项目培养需要，满足技能教学研究、社会培训、技能鉴定、生产与技术服务和创业孵化项目需要。建设与现代企业生产服务场景相接近的实训场景，营造与现代企业文化相对接的实训文化。建设满足实习实训教学需要的数字化教学环境和技能教学资源库，提升师生信息化应用能力。

（二）创新人才培养模式。以提高人才培养质量为根本目标，以实训基地建设和运行为突破重点，推进职业教育教学与生产劳动、社会实践紧密相合。深化校企合作，推行合作育人。实施"做中学、做中教"教学模式，推行实践育人。毕业生就业能力、就业质量显著提升，基地所服务专业的毕业生就业率95%以上，对口就业率70%以上。

（三）打造"双师型"教学团队。结合实训基地建设与运行，开展专业教师实践技能培训。专业教师深度参与实训基地建设，熟练掌握实训基地核心设备的运行、管理和维护。落实专业教师赴企业实践制度，着力提高专业教师实践技能和教学能力。基地所服务专业的专任专业教师数量、结构、素质符合实习实训教学需要。聘请有实践经验的企业专家、工程技术人员、能工巧匠担任兼职教师。基地配有专兼职管理人员，其中专职管理人员不低于管理人员总数的20%，均有大专以上学历、技师以上职业资格或非教师系列相关专业中级以上技术职称。

（四）优化实训基地运行管理。坚持把人才培养作为实训基地首要任务，着力提升实训基地生产、科研功能。建立实践教学质量保障体系和评价体系，充分保证实训教学要求，着力提高实训教学质量。围绕专业面向的职业岗位核心技能，推进学生实训与企业生产相结合、"实习产品"与市场需求相对接，实现消耗性实习向生产性实习转变，实现经济效益与社会效益双提升。大力开展实训基地社会化培训和企业化生产，全面提高设备使用效率，实训基地实际到账资金不低于 30 万元/年，年培训人数与基地所服务专业在校生数大致相当。

四、工作程序

（一）统筹规划、科学布局。各市、县教育行政部门认真组织研究区域职业学校现代化实训基地建设规划，宏观布局重点发展的实训基地，合理分工辖区职业学校现代化实训基地建设任务，形成相互分工、相互协作、相互提高的局面。

（二）学校自评、申报验收。职业学校对照《江苏省职业学校现代化实训基地建设标准》，选准方向，找准差距，制定现代化实训基地建设方案，要根据建设标准先行自建自评。学校自评认为达到建设标准的，可填写《江苏省职业学校现代化实训基地验收申报表》，向省辖市、省直管县（市）教育局申报评审验收。申报学校根据要求，组织相关佐证材料，在学校校园网上建立申报子网站，供专家网上评审参考。每年 11 月上旬完成当年现代化实训基地的学校申报工作。

（三）市县初审、推荐省评。各市教育局、省直管县（市）教育局会同财政局汇总、审核本地区学校申请，组织专家依据《江苏省职业学校现代化实训基地建设标准》，对本市申报的现代化实训基地进行推荐评审，把适应地方经济发展，有较好建设基础的实训基地推荐参加省级现代化实训基地建设立项评审，填写《江苏省职业学校现代化实训基地申报汇总表》，连同学校《申报表》一起向省教育厅、省财政厅推荐申报。每年 11 月 30 日前，完成市、县（市）初审和推荐工作。申报材料寄至省教育厅职教处，联系人：彭召波，电话：025 - 83335667，邮箱：pengzhb@ec. js. edu. cn。

（四）省级评审、授予称号。省教育厅、财政厅组织专家对申报材料进行网络评审，并根据需要组织现场答辩和论证。对达到标准的，授予"江苏省职业学校现代化实训基地"称号。

推进现代化实训基地建设是我省"十三五"期间职业教育改革发展的重要任务，各市、省直管县（市）教育局、财政局及各学校主管部门要高度重视、科学规划、认真实施。特别要围绕产业结构转型升级要求，加强项目指导，落实资金，深化校企合作，强化产教融合，加强实训基地运行管理，确保建设任务顺利完成、建设目标圆满实现。

省教育厅　省财政厅

2015 年 12 月 21 日

溧阳市天目湖中等专业学校关于尝试混合所有制加快电梯等重点专业建设的实施意见

学校各部门：

为深化我校办学体制机制改革，激发办学活力，吸引社会力量以资本、技术、资源、管理等要素参与学校建设，积极探索建立混合所有制实训基地建设，深入推进产教融合、校企合作，提高人才培养质量，现就开展建设电梯专业混合所有制实训基地建设提出如下实施意见。

一、指导思想

深化产教融合，创新办学体制机制，全面搭建校企合作平台，整合优质资源，实现优势互补，培养高素质技术技能型人才，服务区域经济和社会发展。

二、工作原则

（1）政府统筹、行业协助、校企合作。

（2）基地共建、职责共担、成果共享。

（3）依法推进、规范管理、逐步实施。

三、合作对象

依靠溧阳地方政府和电梯行业协会，合作企业必须是进行了国内工商注册以及民政部门注册的电梯行业法人单位或社会团体。应属溧阳地方的电梯产业企业或在行业中处于领先地位的企业，具有持续提供同类产业先进技术信息的能力，提供产学研紧密结合的教学、科研平台，具有可持续发展能力和较好业绩，具有较高的社会信誉度。不得出现法律、法规禁止的合作项目。

四、建设思路及内容

发挥溧阳市天目湖中等专业学校电梯专业的专业优势，以学校的师资技术力量及电梯专业的品牌效应，吸引社会资本参与学校电梯实训基地建设，培养在校中职学生的同时，进行各种层次的社会培训，为溧阳电梯行业培养技术技能型人才，扩大全国电梯行业的"溧阳现象"的影响力，拟围绕以下几个方面开展合作建设。

（1）创新人才培养模式。根据电梯专业特点和企业工作岗位的实际需要，共同研制人才培养方案、开发课程和教材、设计实施教学、组织考核评价、开展教学研究等，探索现代学徒制，实现校企一体化育人。

（2）通过"股份制合作实训基地"的建设，探索教师企业锻炼的新模式，丰富教师企业锻炼的内容。教师能主动参与、承建实训基地，承担各种对外培训为抓手，提高技术技能水平。

（3）校企共建实训基地，技能大师工作室，技术研发中心等，开展专业建设和课程开发，加强与行业、企业更紧密的联系。

（4）为电梯企业进行员工上岗培训、技能等级考核；根据教育部门和行业企业的要求，开展形式多样的技能大赛和职业能力竞赛。

（5）其他有益于溧阳电梯产业、学校电梯专业建设发展的。

五、保障措施

（一）各方协调搭建基地组织机构

在溧阳市地方政府的主导下，有条件情况下择时成立溧阳市电梯商会，秘书处设在我校，分管领导兼任秘书长。依法组建学校和合作方参加的电梯专业实训基地混合所有制管理委员会、成立校企合作工作委员会、专业建设委员会和工学结合、顶岗实习工作委员会等有关组织机构，确保基地的建设、运行、管理。

（二）社会资本投入基地硬件设备

希望能以政府出地（提供企业低价的教育用地作为建设的土地需要）、企业出钱的形式建设实训基地的教学场地、教育教学设备，学校负责整体规划设计、构建建设方案和具体设备安装调试的实施，以及由校企共同管理实训基地的运行。由学校派出经营、教学和培训过程中所需要的师资，但企业需保证管理教师、教学教师和培训教师的工作津贴。

（三）行业商会资源扩大基地资源平台

溧阳市电梯商会利用其在行业中的背景资源入股，占一定的股份，积极争取政府政策支持，充分利用行业的影响力，保障学生和培训学员的就业。

（四）学校技术入股，保障基地专业教学

学校以师资和电梯学校品牌入股，占实训基地20%左右的股份，提供师资和技术支撑，负责实训基地的规划和建设、培训方案的制定、学生实习及培训工作的正常开展，学校承担提高培训质量的义务。

溧阳市天目湖中等专业学校

2013 年 5 月 14 日

后　　记

职业教育是现代经济社会发展的重要依赖路径，是产业结构转型和升级的重要人才基础。如何才能培养出能够满足经济社会发展需要的高素质技术技能型人才，是职业教育实践者和学术界一直在探讨的课题。毫无疑问，职业教育只有与经济社会发展保持良好的互动性、适应性，也就是职业教育专业结构、人才培养结构必须与经济社会发展需求结构保持较高的吻合度，才能真正成为经济社会发展的坚强柱石，也才能实现自身的可持续发展；与此同时，无论是职业教育办学目标的实现，或是自身办学水平和服务能力的提高以及自身软实力的提升，都有赖于企业和社会的有力支持。所以，校企合作，产教融合就成为职业教育与经济发展的不二选择。

在我国职业教育恢复之初，我国政府就通过一贯的政策积极鼓励和推动校企合作，我国一些职业教育发展较好的地区或者职业学校，其成功的经验也是校企合作。然而，就大多数职业学校而言，校企合作的成效并不显著，貌合神离，形联神散的居多，所以，校企合作、产教融合是长期制约我国职业教育发展的难题。全国如此，我们溧阳天目湖中专校的发展也同样为这个问题所困。2009年，我们终于找到了校企合作、产教融合的契机和突破口，开启了电梯专业混合所有制实训基地建设的序幕。

溧阳是"中国电梯安装之乡"，电梯安装占全国市场份额的60%以上，年产值稳定在200亿元以上。2009年，我校作为全国唯一一家以电梯专业为骨干专业的职业学校，在溧阳市政府主导下，与溧阳电梯商会、溧阳凯元电梯公司（溧阳市宏达电梯培训中心）突破校企合作瓶颈，达成了共建"电梯专业混合所有制实训基地"合作协议，为破解电梯专业实训基地投入机制单一、校企合作活力不足、解决职业学校供给侧人才培养与当地产业快速发展需求侧人才需求脱节等问题创造了条件。经过多年的探索与实践，我们基于"共建、共管、共享、共赢"理念，在江苏首个提出并积极

后 记

实践"混合所有制实训基地",形成了"政校企商会共建"实训基地的多元混合投入机制;构建了"政府引导,校—企主体主导,商会指导,责任共担"的运行机制;形成了基于实训基地的"校企协同、产教一体"的人才培养和教师培育机制,支撑了学校现代学徒制人才培养模式的实践。这些成果的取得,让我们备感欣慰,也激发了我们天目湖中专校进一步深化校企合作的信心。在校企合作的实践中,我们就如何更好地进行混合所有制实训基地的建设进行了积极的思考,许多老师撰写了论文,这就成就了我们今天奉献给各位的这本书。

本书主要由四个部分组成:理论篇——选编了本校教师结合混合所有制实训基地建设的经验而撰写的相关论文。实践篇——集中展现了本校多个专业混合所有制实训基地建设的案例,这其中有具体做法,也有基本经验总结和对相关问题的思考。专家视点篇——主要选编了校外专家学者对混合所有制办学的思考,这其中还有专家对我们天目湖中专校混合所有制实训基地建设的评述。附录——主要选载了国家有关发展混合所有制职业教育的文件以及江苏省和天目湖中专校为了推进混合所有制发展的相关政策。

本书是我们天目湖中专校教师对混合所有制办学的理性思考,更是学校混合所有制实训基地建设实践经验的结晶。书中所展现的成果有些具有一定的推广和借鉴意义,有些则可以给人以一些启发与思考。然而,由于我们的教师都是一线实践者,对许多问题,尤其是理论问题的思考未必成熟,也不一定有高度,但不管怎样,这些都是我们教师智慧的呈现。当然,我们也会在今后的办学实践中,继续探索、研究混合所有制办学问题,以使校企合作、产教融合不断向深层推进。

本书在出版过程中,得到了许多专家、学者的关心、指导和帮助。这里首先要感谢的是中国职教学会副会长、华东师范大学石伟平教授。石教授知悉这是一本反映一所职业学校就混合所有制实训基地建设实践探讨的成果时,欣然为本书作序,在这里特向石教授表示诚挚的感谢!

本书在编著、出版过程中,得到了江苏理工学院马建富教授科研创新团队的悉心指导与支持,对编著工作提出了许多宝贵的意见和建议,为本书的成稿倾心相助，在这里由衷地感谢马教授及其团队！

在我校混合所有制实训基地建设过程中，得到了江苏省职业教育学会张铎副秘书长的鼎力相助，他为实训基地建设提出了许多中肯的建议，在此表示感谢！

在我校混合所有制实训基地建设实践与研究过程中，得到了江苏省教育厅职教处刘克勇处长的关心与指导，在此深表感谢！

这里还要特别说明，在本书的"专家视点篇"，我们选编了部分专家、学者就职业教育混合所有制问题撰写的相关论文，在此特致谢意！

王云清

2018 年 3 月 15 日